栄東中学・高等学校

SAKAE HIGASHI

SCHOOL GUIDE

JUNIOR & SENIOR HIGH SCHOOL

全国学生美術展 最高位賞!!

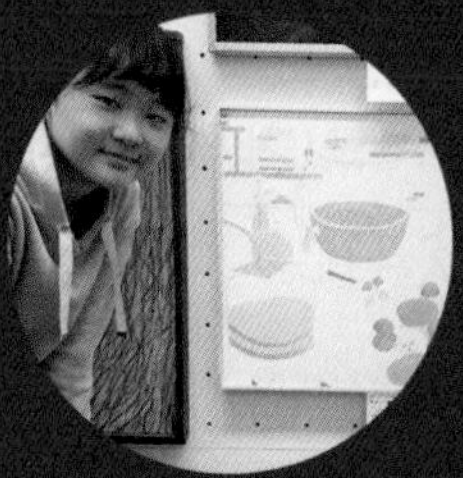

国際地学オリンピック
参加34か国→銀メダル
文部科学大臣表彰!!

最年少!! 15歳(中3)
行政書士試験合格!!

全国鉄道模型コンテスト
理事長特別賞!!

東京オリンピック第４位!!
アーティスティック スイミング

チアダンス
東日本大会優勝!!

栄東のクイズ王
東大王 全国大会 日本一!!

栄東の誇るサメ博士
サンシャインでトークショー

産経国際書展 U23大賞!!

〒337-0054 埼玉県さいたま市見沼区砂町2-77（JR東大宮駅西口 徒歩８分）
◆アドミッションセンター TEL：048-666-9200 FAX：048-652-5811

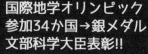

早稲田アカデミー　中学受験を決めたその日から

サクセス12

今月号の表紙

写真◉アフロ

CONTENTS

葛西臨海水族園

やっぱり
クロマグロを
見てほしい！

『クロマグロ』を見たことがありますか？　このように聞かれると、「お寿司屋さんで本マグロの解体ショーは見たことがあるけれどクロマグロは……」と答える人がいるかもしれません。実は、『クロマグロ』と本マグロは同じ魚なので、見たことがある人は多いはずです。では、泳いでいる『クロマグロ』はどうでしょうか？　もちろん、自然の海を泳ぐ『クロマグロ』を見たことのある人はほとんどいないとは思いますが、意外に私たちの身近な場所でも見られるようです。

今回は、世界で初めて『クロマグロ』の群れを展示した葛西臨海水族園の飼育展示係 小味亮介さんに、知っているようで知らない『クロマグロ』の生態や飼育方法などについて教えていただきました。

葛西臨海水族園

開園時間：9時30分～17時
（入園および入園券・年間パスポートの発売は16時まで）
休 園 日：水曜日・年末年始（12月29日～翌年1月1日）
※水曜日が国民の祝日や振替休日、
都民の日の場合はその翌日が休園日
入 園 料：一般700円／中学生250円／65歳以上350円
※詳細についてはホームページでご確認ください

楽しみながら学べる 葛西臨海水族園

葛西臨海水族園は、葛西臨海公園内にある水族館です。上野動物園開園100周年事業として計画され、1989年10月に開園しました。「海と人との交流の場」をテーマに「生態」「環境」「食育」を学ぶことのできる場です。

一番の魅力は、世界初の『クロマグロ』が群泳する大水槽があることです。また、国内最大級の展示場で泳ぎ回るペンギンも大人気！2022年7月には、生き物をより間近で感じられる仕掛けが施された新展示「イキモノマチカ」が本格オープンしました。そのほか、東京の水辺から北極、南極を含む世界各地の海で収集された600種を超える多様な生き物が生育する環境とともに展示されているのも特徴のひとつです。

『クロマグロ』について教えてください！

『クロマグロ』とは？

一般的にマグロと呼ばれている魚の仲間で、世界中には『クロマグロ』を含め、ミナミマグロ、キハダ、メバチ、ビンナガ、コシナガ、タイセイヨウクロマグロ、クロヒレマグロの8種類がいます。

どれくらいまで大きくなりますか？

『クロマグロ』は3年ほどで成魚になり、20年以上生きると考えられています。『クロマグロ』は、マグロの仲間のなかでも最も大きくなる種類で、最大で全長300cm、体重400kgを超えるといわれています。なお、葛西臨海水族園で過去に飼育していた『クロマグロ』の最大個体（6歳）は全長194cm、体重158kgでした。

どうしてそんなに速く泳げるの？

『クロマグロ』は、横から見ると真ん中が太く、両端が細くなっていて、一方、正面から見ると丸く見えます。この水の抵抗を受けにくいラグビーボールのような形が速く泳げる秘密のひとつです。そして、もうひとつの秘密はヒレにあります。一般的な魚は全身をくねらせるように泳ぎますが、『クロマグロ』は水の抵抗を受けにくい三日月形の尾ビレを左右に振ることで推進力を得ています。また、まっすぐに泳ぐときには背ビレの一部と腹ビレ、胸ビレを隠すことで水の抵抗を少なくし、隠していたヒレを出すことで水の抵抗を大きくし、ブレーキをかけたり、方向転換をしたりしています。

一生泳ぎ続けるって本当？

『クロマグロ』をはじめとするマグロの仲間は、広い海をエサとなる魚を追いかけて泳ぎ回る回遊魚です。そのため、普通の魚と違いエラぶたを動かして水を取り込むのではなく、口を開けて泳ぎ、常に新鮮な海水をエラに送って呼吸する方法が都合が良いのでしょう。もちろん夜も呼吸しなければいけません。夜は体を休めるようにゆっくり泳ぐようになります。

何を食べているの？

自然界で生きる『クロマグロ』は、生きた魚やイカ、甲殻類などを丸のみにします。葛西臨海水族園では、日によって違いはありますが、新鮮なアジやイカ、イワシ、そして、マグロ用に作られた配合飼料などを、体重の2～3%を目安に、水槽全体では1日に約60kg与えています。

泳ぐスピードは？

普段は時速4から5kmぐらいで泳ぎ、逃げるときやエサを追うときなどは時速80kmで泳ぐともいわれています。

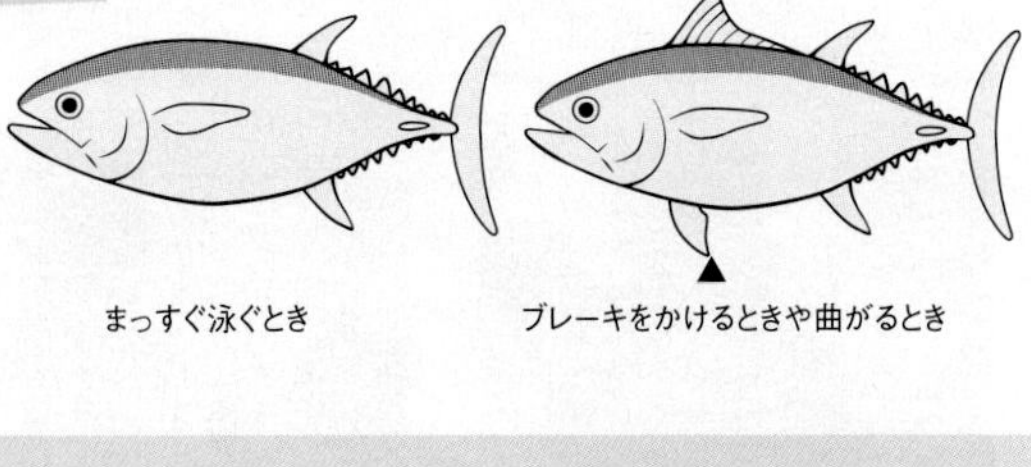

まっすぐ泳ぐとき　　ブレーキをかけるときや曲がるとき

これからもずっと『クロマグロ』の群泳を見ていただくために

――なぜ、『クロマグロ』をメイン展示にしようと考えたのですか？

　日本人にとって馴染み深く、水産資源としても非常に重要な魚だからです。また、『クロマグロ』の生態の多くは謎に包まれていて、その解明にも期待が寄せられています。もちろん、高速遊泳など、『クロマグロ』には他にもたくさんの魅力があります。これらのことから、東京都内に誕生する新しい水族館にふさわしいメイン展示種は『クロマグロ』にしよう――。そう考えたと聞いています。

　とはいっても、開園当時、『クロマグロ』は飼育そのものが不可能と考えられていて、当然ながら飼育方法は確立されていませんでした。現在においても『クロマグロ』単体で飼育している水族館はあっても、葛西臨海水族園のように群泳させているところがないことからも、いかに難しい挑戦だったかがわかってもらえると思います。

――どのように『クロマグロ』を飼育しているのですか？

　現在、約80匹を飼育しています。『クロマグロ』は大き過ぎたり、小さ過ぎたりする個体はうまく群れに馴染めないようなので、毎年、国内の養殖場で1歳ぐらいまでに育ったものを数十匹新しく加えることで群れを安定させています。

　『クロマグロ』を飼育しているのは、2200tもの水量を誇る葛西臨海水族園最大のドーナツ型水槽［大洋の航海者　マグロ］です。そのドーナツ型の水槽のなかでも、仕切りで区切られた水深5.5m、奥行6m、横幅およそ28mの〝アクアシアター〟で『クロマグロ』を飼育しています。実は、2017年度までは仕切りがなく、水槽を1周できるようになっていました。しかし、大半の『クロマグロ』はアクアシアターの左右の水深が浅い場所が怖いようで、通ることはあまりなく、一度通過してしまうと戻ることも難しいのです。また、ほかの生き物が近くにいると驚いてパニックになるときがあります。アクアシアターと反対側でほかの生き物を展示するためにも、現在では仕切りを設けています。

　ちなみに、［大洋の航海者　マグロ］に入っている大量の海水を支えているのは厚さ26㎝のアクリルガラスです。建設当時はアクリルガラスを使った大水槽がほかにはなかったことから、この［大洋の航海者　マグロ］は〝巨大水槽の先駆け〟といわれているんですよ。

――『クロマグロ』を飼育するうえで難しいことは？

　『クロマグロ』は神経質で繊細で、周りの環境の変化に敏感な生き物です。光の変化、水流や気泡の動き、音や振動など、私たち人間ならば気が付かないような些細な変化でも落ち着きをなくしてしまいます。しかも、1匹でも何かに驚いて猛スピードで泳ぎ始めると、それにつられて一斉にパニックになる可能性も……。なるべく環境を変えないよう、刺激をあたえないよう、常に細心の注意を払っています。

　具体的な例としては、清掃や設備の修理で水槽に入ったダイバーの息の泡に『クロマグロ』が驚いてしまうことがあります。細く長く息を吐く――。これはこの水槽での鉄則です。また、ダイバーが進路をふさいでしまったことでパニックを引き起こし、『クロマグロ』が壁に激突したり、ダイバーに衝突したりしてしまったら大変です。『クロマグロ』の逃げ道を考えながら動くことが必要です。

　それ以外にも、水槽の近くで工事をする際は、『クロマグロ』が

音や振動に驚いて透明なアクリルガラスに激突しないよう、黄色のテープを貼ることもあります。また、明るさの変化には特に敏感なので、30分から1時間ほどかけて照明をゆっくり調整するようにしています。カメラやスマートフォンのフラッシュやライトを使った撮影が禁止されているのは、そのためなんですよ。

――以前に『クロマグロ』が大量死したようですが……

異変が始まったのは2014年の秋ごろからでした。同じ水槽で飼育していたスマ、そしてハガツオがどんどん減っていき、ついには『クロマグロ』までも……。一刻も早く大量死を阻止しようと外部研究機関の方などの力も借りながら調べたのですが、「これが原因だ」といえるようなものは何も見つかりませんでした。私は、当時から飼育を担当していたのですが、「今日も死んでいたらどうしよう」と、毎朝、暗い気持ちで出勤したのを今でも覚えています。

最終的には160匹ほどいたマグロたちは、2015年3月24日には『クロマグロ』1匹になってしまいました。気持ち的にはかなり落ち込みましたが、私を含め、当時の飼育担当者たちは絶対に『クロマグロ』の飼育を諦めませんでした。葛西臨海水族園が開園当初から誇りとしてきた『クロマグロ』の群泳を何とか取り戻そう――。すぐに頭を切り替え、思いつく限りの対策を取り、現在に至っています。

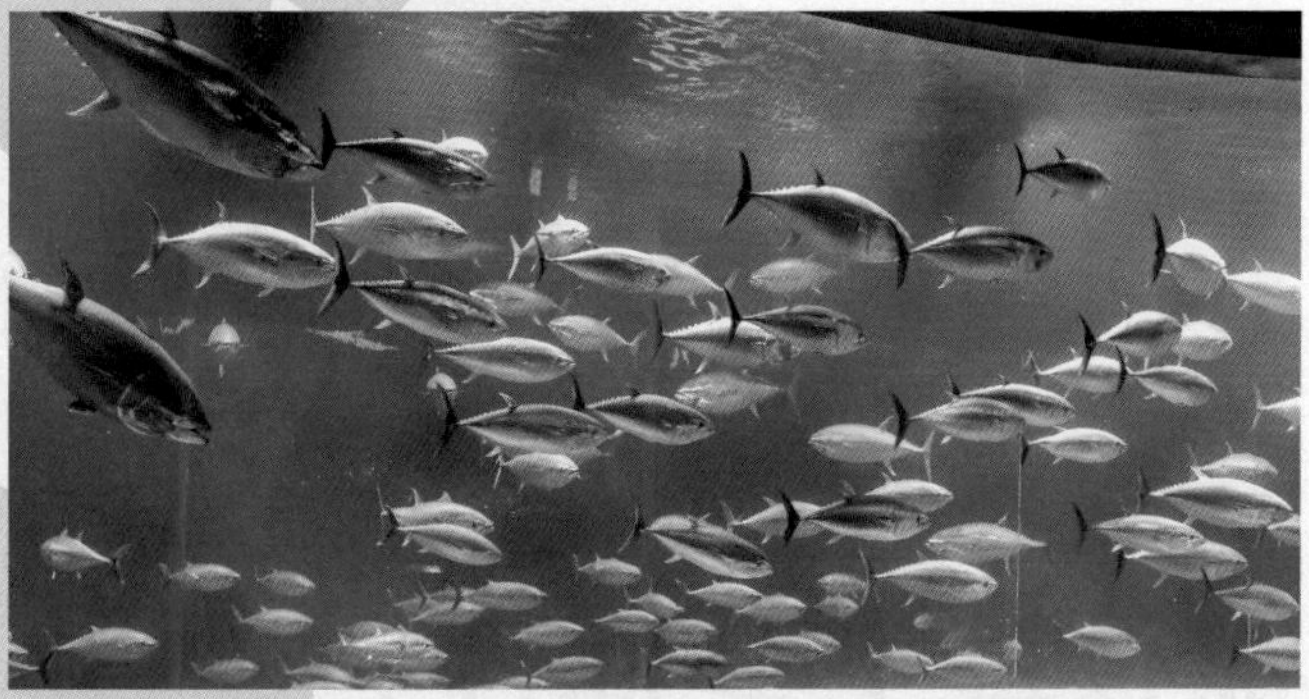

――どのような対策を取ったのですか?

まず、海水中の窒素を測定する装置を導入し、朝夕の2回、数値に変化がないかどうかを調べるようになりました。これは、海水中に窒素が基準値以上に溶け込んでしまうと『クロマグロ』はもちろんのこと、魚類全般に悪影響をおよぼす可能性があるためです。『クロマグロ』が大量死したときの窒素量の記録がないため、このことが死因だったかどうかはわかりませんが、ひとつでも可能性を減らしたいと測定することにしました。また、『クロマグロ』に異変が出た場合、すぐに調べるために獣医も配属されました。

そのほか、飼育の難しさで述べた通り、とにかく『クロマグロ』がパニックを起こさないよう、思いつく限りの対策を行いました。

――今、『クロマグロ』の群泳を見て、どのように感じていますか?

現在は安定した群れを形成できていますが、安心はできないと思っています。

というのも、実際、水槽で『クロマグロ』が死んでしまうことがあります。死んだ個体については必ず解剖を行い、骨折が見つかれば監視カメラをチェックし、骨折した原因やパニックを起こしたきっかけなども調査し、原因がわかればそれを排除するようにしています。現在、不審な連続死は起こっていませんが、前回の大量死の原因がわからない限り、「100%安全」とは言い切れません。「油断大敵」を常に忘れず、これからも『クロマグロ』を飼育し、展示していきたいと思います。

――子どもたちには『クロマグロ』のどんなところを見てほしいですか?

アクアシアターはほかの水槽とは違い、底に砂が敷いてありません。これは、『クロマグロ』は海の底が見えない場所を常に泳いでいるからです。まるで大海にいるかのように大きな体を優雅に動かし、滑るように泳ぐ姿を、ぜひ、自分の目で見てほしいと思います。

もうひとつ、見てほしいのは、毎日14時30分から行うエサやりです。私たち飼育展示係のガイドを聞きながら『クロマグロ』がエサを食べる様子を見ることができます。エサはスタッフのひとりが水槽の上から落とすのですが、量が少な過ぎると大きな個体が水槽上部で食べつくしてしまいます。下のほうにいる小さな個体にもエサが届くよう、私たちが無線で連絡を取りながら、エサの量やペースを調整している姿を見てもらえたらうれしいですね。

――最後に子どもたちへのメッセージをお願いします

自分の経験を将来に役立つようにできるのは自分だけです。ぜひ、学生の間にさまざまなことに興味や関心、好奇心を持ってたくさんの経験を積んでください。その経験は必ず自分の可能性を広げることにつながるはずです。

小味 亮介さん

公益財団法人 東京動物園協会
葛西臨海水族園 飼育展示係

1984年生まれ。2003年3月、大阪府立生野高等学校卒業。2008年3月、東京海洋大学海洋科学部（現・海洋生命科学部）海洋生物資源学科卒業。2010年3月、同大学大学院海洋科学技術研究科海洋生命資源科学専攻修了。同年、公益財団法人 東京動物園協会に嘱託員として採用され、葛西臨海水族園調査係に配属。2011年4月より同協会の正規職員となり、2013年4月より葛西臨海水族園飼育展示係に配属。［大洋の航海者 マグロ］［世界の海］［深海の生物］［北極・南極の海］の飼育を担当、現在に至る。

小味さんにとって
「クロマグロの飼育」とは

Premium School

雙葉《ふたば》中学校

◆東京都　◆千代田区　◆女子校

１人ひとりの個性や能力を伸ばし
知性と品性を備えた人を育てる

キリスト教の精神に基づき、生徒の個性を尊重する雙葉中学校。
なにごとも自分で考え、責任を持って物事に取り組める力を育成しています。
その結果、生徒は知性と品性を兼ね備えた人へと成長していきます。

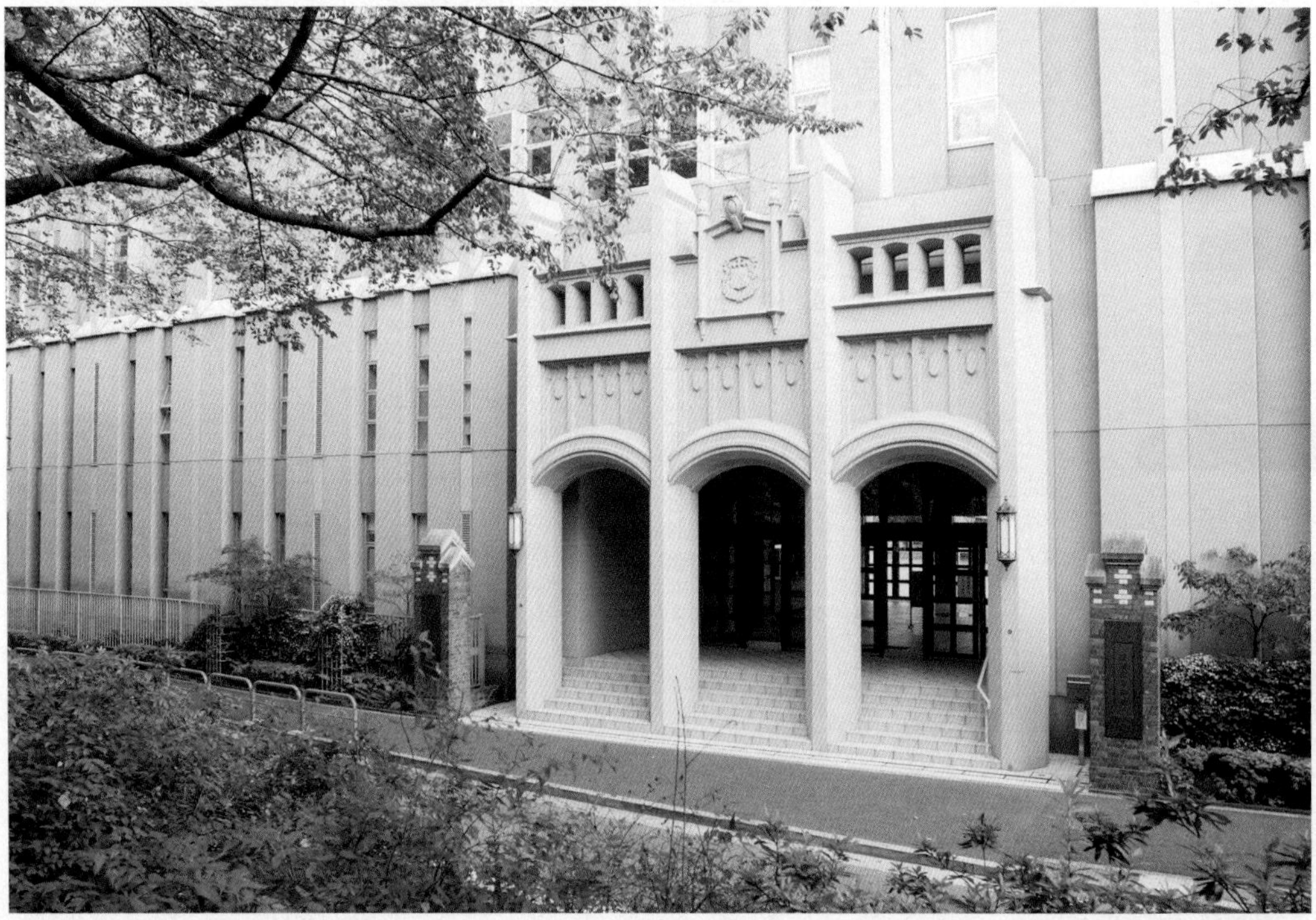

5人のシスターが設立したカトリック系の女子校

いまから１５０年前、「幼きイエス会」に所属していた5人のシスターが来日しました。「幼きイエス会」とは、フランスのニコラ・バレ神父によって設立されたカトリックの修道会です。シスターたちは、横浜に孤児院と寄宿学校を開設し、その後１８７５年には築地に女子のための「築地語学校」を創立しました。この築地語学校が、今回紹介する雙葉中学校（以下、雙葉）の母体、雙葉学園の前身です。

その歴史からもわかるように、雙葉はカトリック系の学校です。キリスト教の精神に基づいた、１人ひとりを大切にする全人教育を展開しています。

そんな同校が掲げる校訓は「徳においては純真に　義務においては堅実に」。そこには「神様と人の前に素直で裏表がなく、さわやかな品性を備え、人間としてやるべきことは最後まで責任を持って果たす強さを持つ人になってほしい」という学校の思いが込められています。

この校訓は、十字架や聖書がデザインされた校章にも、フランス語（SIMPLE DANS MA VERTU

図書室

生徒ラウンジは、友人と楽しくおしゃべりができる憩いの場で、各学年に２カ所ずつ設けられています。図書室には、自習や読書ができるスペースが豊富に用意されています。校舎７階にあるため、天気のいい日には、窓から富士山が望めるといいます。

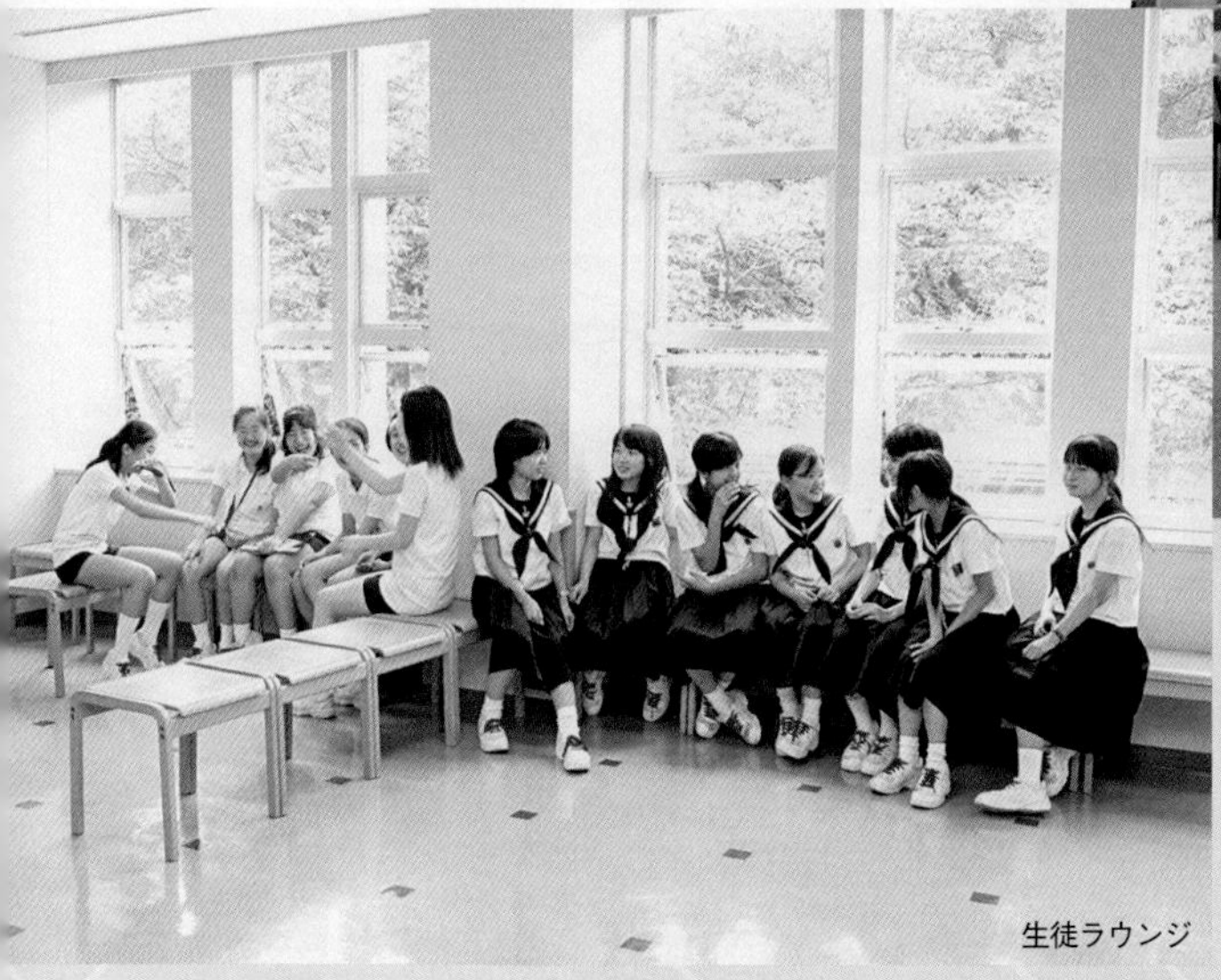

生徒ラウンジ

フランス語で校訓が書かれた雙葉の校章。十字架や聖書に加え、ロザリオ、糸巻き、白いマーガレットなどがデザインされています。

Futaba

FORTE DANS MON DEVOIR）で刻まれています。

雙葉には、中学受験を経て入学する生徒と、雙葉小学校から進学してくる生徒がおり、中1から机を並べます。どの学年も約45人のクラスが4クラス編成され、1学年約180人です。なお、高校募集は行われていません。

雙葉小学校からの生徒は、中学校から入る新たな仲間との出会いを楽しみにしているそうで、ほかの小学校出身の生徒ともすぐに仲よくなるといいます。色々な生徒と交流する機会を持てるよう、中1では2週間に1回席替えをし、さらに毎学年クラス替えが行われます。

じっくりと考える力 人に伝える力を養う

カトリック系の学校である雙葉では「宗教」の授業が週に1時間、全学年で設けられています。聖書を読みキリスト教に触れる時間をとるだけでなく、「自分とはなにか」「友だちとはどんな存在か」「豊かに生きるとはどういうことか」といった様々なテーマについてじっくりと考える「心の勉強」にも取り組みます。

また、「宗教」の時間は、広島を訪れる中3の修学旅行ともリンクしています。平和や戦争について取り上げたうえで、現地で広島平和記念資料館を訪れたり、被爆体験者から話を聞いたりします。

修学旅行後には「平和スピーチ」に取り組みます。これは広島で感じたこと、自らの心のなかにある平和など、それぞれが考える平和について考察しスピーチを行うものです。クラス内で全員が発表し、各クラスから2名ずつ選ばれた計8名の代表者が、中2、中3の前でスピーチをします。

同校では、そのほかの授業においても、ただ知識を習得するだけではなく、生徒自身が自分の頭を使って考え、考えたことを文章にまとめたり、人に伝えたりすることが大切にされています。

例えば国語では、各自が好きな本を読み感想を書く「読書記録」をつけたり、あるテーマについて意見を戦わせるディベートに挑戦したりします。

理科では毎週取り組む実験についてまとめる「実験ノート」を作っています。「実験ノート」は、失敗したものも含め、すべての実験を記録します。その理由は、たとえ失敗した実験であっても、失敗の原因を分析することが生徒の成長につなが

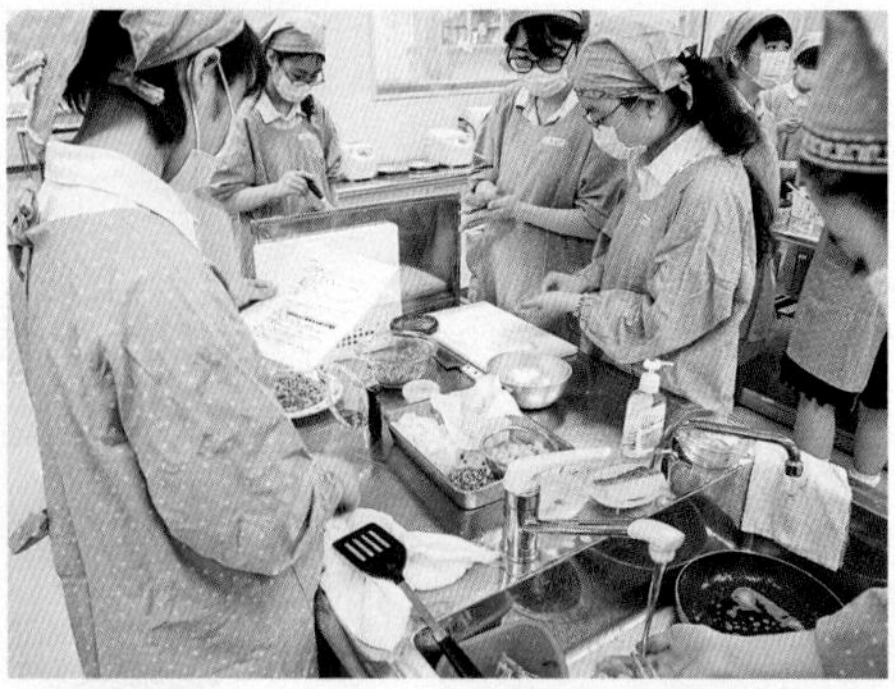

物理・化学・生物・地学それぞれの実験室を活用して、毎週実験に取り組む理科をはじめ、どの教科でも生徒自身が考えることを重視した授業が展開されています。

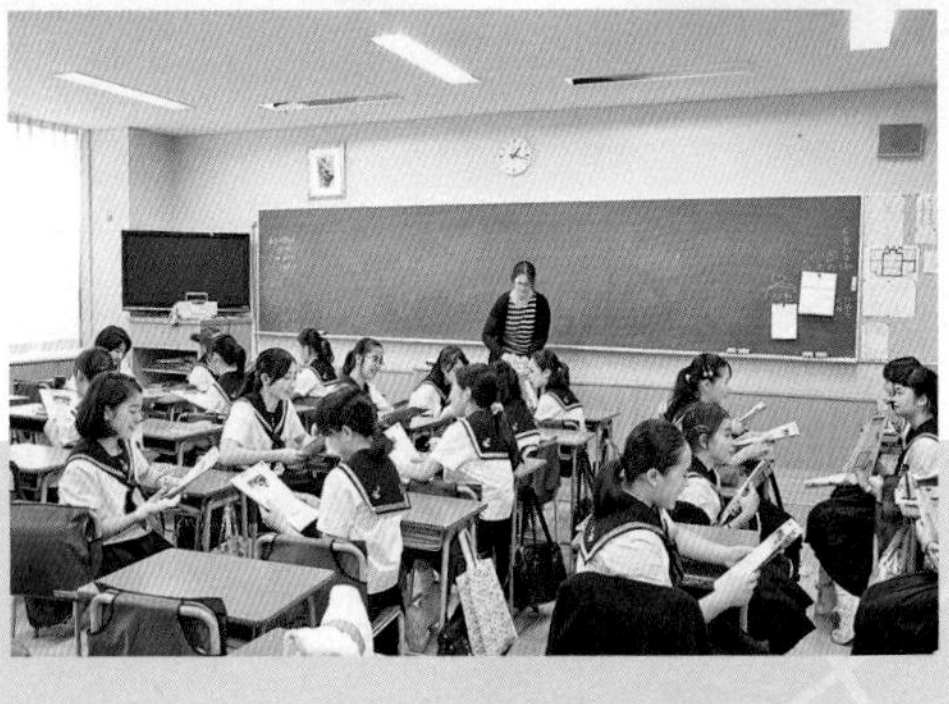

Futaba

り、その後に活かせると考えられているからです。

そのほか、英語では4技能をバランスよく身につけることが意識されています。ネイティブスピーカーの教員から指導を受け、英語での作詩やロールプレイングにもチャレンジします。中3では、英語に加えて全員がフランス語を週に1・5時間学ぶのも特徴です。フランスとのつながりを持つ雙葉だからこその授業で、フランス文化に触れることができます。高校でもフランス語を選択することが可能です。

生徒自身が選択し 教員はサポートする

高2・高3では数多くの選択科目が用意され、なかには少人数で実施されるものもあるため、少人数授業に適した教室も十分に用意されています。あらかじめ文系、理系のコースを用意するのではなく、選択科目を設置する形がとられているのは、1人ひとりに合わせた教育を展開したいという思い、そして生徒に自らの選択に責任を持ってほしいとの考えからです。

教員は生徒の選択を尊重し、しっかりとサポートしていきます。昼休みや放課後には、個別指導やグループ指導が行われており、職員室前の廊下には生徒の質問に答えるためのスペースもあります。

進路指導においては、まず中学校で職業調べに取り組み、幅広い視野を養います。そのうえで、高1・高2に用意されているのが「卒業生の話を聞く会」です。医療従事者、建築士、会計士、弁護士、公務員、研究者、メーカーや商社に勤務する会社員など、その年によって様々な職業の卒業生を招いて話を聞きます。好きなことや得意なことを仕事にしている先輩の姿を見て、生徒も自分の能力を活かせる道を探していきます。

多彩な校外活動に加え 全員参加のミサも実施

そのほか、各学年で教室を飛び出した校外活動が行われているのも魅力の1つでしょう。

中1・中2では、自然に親しみながら仲間との親睦を深める夏期学校が用意されています。中1は軽井沢、中2は蓼科を訪れ、山登りや農林体験学習を行います。中3になると、地学分野の学習の一環として、長瀞で地層や地質、岩石の観察をする理科野外実習を実施します。

毎年5月には各学年で遠足に行きます。中学校の修学旅行は前述の通り広島を、高校では奈良と京都を訪れる修学旅行があります。普段の教室とは異なる環境で過ごす多くの時間が、仲間とのきずなをさらに深いものにしてくれるのでしょう。

また4月と12月には、それぞれ「祈りの集い」と「学園感謝の日」の「ミサ」が行われます。校内の講堂や近隣にある聖イグナチオ教会で実施され、全生徒が参加します。

「ミサ」は、「宗教」の時間と同じく、キリスト教に触れる大切な時間です。しかし同校は、創立当時からカトリックの信者を増やすことを目的としてはおらず、現在もその思いは変わりません。

一方で、キリスト教に触れたことはとてもいい経験だったと感想を残す生徒も多くいます。自分と向きあい、豊かに生きることを考える「宗教」の授業や「ミサ」は、学校にとって、そして生徒にとっても有意義な時間であることがわかります。

各教科の授業やキリスト教を通じた取り組みで、生徒の思考力や発信力をはじめとした様々な力を育てる雙葉。生徒1人ひとりが持つ個性や能力を存分に発揮できるよう、教員は温かく見守るとともに、サポートを惜しみません。キリスト教を基盤とした教育で、品性と知性を兼ね備えた女性を育てています。

蓼科夏期学校

軽井沢夏期学校

中学修学旅行・広島

学園感謝の日の「ミサ」・聖イグナチオ教会

理科野外実習・長瀞

校外活動やミサをはじめ、多彩な行事があるのも魅力です。6年間を通じて様々な経験を積むことができます。

interview

校長先生インタビュー

かけがえのない仲間とともに自分らしさを大切に成長する

雙葉中学校　日下部《くさかべ》 和子《かずこ》 校長先生

サクラはサクラの花を バラはバラの花を

【Q】御校はカトリック系の学校ですね。キリスト教にかかわる取り組みについてご紹介ください。

【日下部先生】本校の創立当時、フランス人シスターの初代校長は、布教ではなく品位ある日本女性の教育を目的とすると明言していました。以来、カトリックの人間観や価値観を土台とした全人教育が受け継がれてきました。週1時間の「宗教」の授業は、色々なことを「じっくり考える時間」です。もちろんテストもなく成績もつきません。

　私は週2回の放送朝礼で、ローマ教皇やマザー・テレサの言葉を映像とともに紹介しています。先日は、マザー・テレサの「幸せはいつも、ささやかなことのなかにあります」という言葉を選びました。生徒の心に響くことを願って続けています。

【Q】カトリックの人間観や価値観とはどのようなものでしょうか。

【日下部先生】「1人ひとりを大切にしましょう」「人と比べることなく自分らしさを伸ばしましょう」といった言葉で生徒に伝えています。

　自分と同じ人はいませんから、どの人もかけがえのない存在です。自分自身のことも友だちも家族も、みんな大切にしなければなりません。そして、人には、それぞれの才能や使命が与えられているので、それらを周りの人や社会のために役立てられる人に成長しましょう。こういった価値観、人間観です。

【Q】生徒さんに日ごろ話されている言葉はありますか。

【日下部先生】私が本校の教員になったときの校長は日本人のシスターで、生徒たちに「バラはバラらしく、スミレはスミレらしく」と話していました。その言葉がとても好きだったので、少しアレンジして「サクラはサクラの花を、バラはバラの花を」と入学式で話しています。1人ひとりが自分らしく花を咲かせることが大切なのです。

　「大丈夫」という言葉をかけることも多いと思います。中高時代は、将来それぞれの花を咲かせるための準備期間です。ときには失敗するかもしれませんが、壁を乗り越えることで成長していきます。教員として12歳から18歳までの成長過程を見守ることができることは、とても幸せです。生徒が自分で自分の道を見つける、そのサポートをするのが教員の役目です。

日下部 和子 校長先生

互いのよさを認めあい 視野を広げる

【Q】カリキュラムや授業の特徴についてお教えください。

【日下部先生】幅広く学ぶことを大切にしていますので、どの教科もおろそかにすることなく、美術や体育、家庭科といった実技教科も大切にしています。

　また、本校の設立母体がフランス

の修道会ということもあり、フランス語に触れる機会も用意しています。フランス語を学ぶこと自体にも意義がありますが、日本や英語圏以外の文化に親しむことで、視野が広がることを期待しています。

高校でも進路に沿ったクラス分けはせず、クラスのなかに文系の学部をめざす人、理系学部を目標とする人、芸術系の大学を志望する人など、様々な生徒が集まっています。そのことが互いの個性を認めあうことにつながっていると感じます。

【Q】 コロナ禍では、従来の教育活動の実施が難しい側面もあると思います。御校ではどのように対応しているのでしょうか。

【日下部先生】 できることを前向きに探しながら、教員も生徒も新しい取り組みにチャレンジしてきました。例えば、休校期間中に音楽と美術の教員が相談して「音楽を聞いて絵を描いてみよう」と提案したり、生徒たちは中1向けの「クラブ説明会」を、タブレット端末で作成した動画を上映する形で実施したりしました。

【Q】 御校ではどんな生徒さんを待っているのでしょうか。

【日下部先生】 見学会、文化祭やこの記事を通じて生徒の様子や学校の雰囲気を知り、雙葉に行きたいと思っていただけたら嬉しいです。

高3や卒業生に本校での生活を振り返ってもらうことがあるのですが、「互いのよさを認めあえる学校」だという声が非常に多いです。1人ひとりをかけがえのない存在として認めあう、そんな仲間が集うなかで成長していきたいと考えるみなさんをお待ちしています。

運動会・中3ダンス「荒城の月」

雙葉祭・バレーボール部の部内戦

Futaba

雙葉祭（文化祭）要予約

9月18日(日)　9月19日(月祝)

学校説明会（保護者対象）要予約

10月15日(土)　14:00～15:30
10月22日(土)　14:00～15:30
10月25日(火)　10:00～11:30

※日程は変更の可能性があります。
事前に学校HPにてご確認ください。

雙葉祭・管弦楽同好会の公演

雙葉中学校

所在地：東京都千代田区六番町14-1
アクセス：JR中央線ほか「四ツ谷駅」徒歩2分
生徒数：女子のみ556名
TEL：03-3261-0821
URL：https://www.futabagakuen-jh.ed.jp/jsh/

写真提供：雙葉中学校　※写真には過年度のものを含みます。

この1校！

共立女子中学校

KYORITSU GIRLS' Junior High School

東京　千代田区　女子校

タイアップ記事

リーダーシップ開発スタート！

近年主流となりつつある「21世紀型リーダーシップ」。この新しいリーダーシップの開発プログラムを探究学習として取り組む企画がスタートしました。自分と他者の強みを把握し、どんな場面でも傍観者にならず、チームに良い影響力を発揮できることをめざします。

共立リーダーシップ

共立女子学園では2022年度から「共立リーダーシップ」を旗印として、幼稚園から大学まで学園全体でリーダーシップ開発に取り組み始めました。

そもそも共立女子の創立は、女性の地位がまだまだ低かった明治時代に、社会で自立して生きるための職業技能を身につけるという目標の下、立場や専門の違う34名が協力して作り上げた共立女子職業学校に由来します。この創立の姿勢は、その場に応じて自分の強み（リーダーシップ）を発揮し、お互い助けあう、21世紀型の権限なきリーダーシップの先駆けといえるでしょう。そこで、これまで脈々と受け継がれてきた精神を「共立リーダーシップ」として言語化し、各校様々な取り組みを通じてより強固にしていくことになりました。

中学では、大学のビジネス学部や他学部の教養科目で実績のある「リーダーシップ開発」を中学生向けにアレンジしたプログラムを取り入れる探究学習がスタートしています。

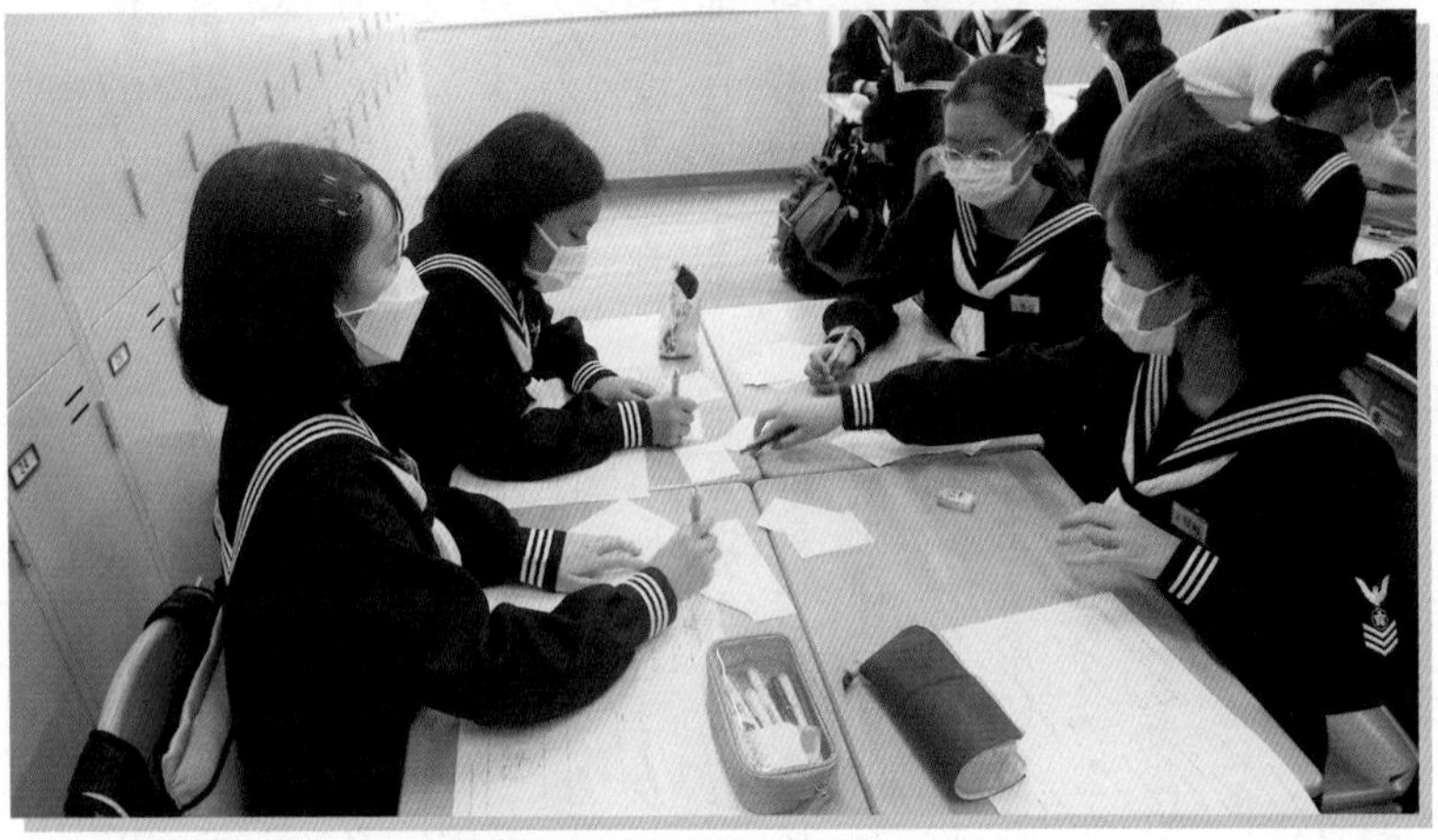

生産性ワークは役割分担がポイント

入学2日目から

入学2日目から早くも探究スタートです。実は入学前アンケートでは毎年、新入生、保護者ともに「勉強についていけるか」「友だちができるか」が不安材料の1位、2位としてあげられます。そこで、初回はリーダーシップの基本的な考え方を知ってもらうことに加えて、リラックスできるゲーム的なワークを通じ、できるだけ早くクラスメイトとコミュニケーションをとって安心してもらうことを目的としました。

まずは4人チームになってアイスブレイクの共通点探しから始めます。昨日は全く話せなかった生徒も共通点を見つけるためには色々と質問する必要があるため、積極的に話しかけます。続いて、共立のリーダーシップは立場が上の人が引っ張っていく力のことではなく、チームが目標を達成するために他者へ及ぼす影響力のことであり、全員が発揮できることを学校生活の例を用いて説明します。あとで生徒の感想シートを見ると、ほとんどの生徒がこの考え方に驚いていました。

次は全員がリーダーシップを発揮することを目標に、生産性ワークに取り組みます。それぞれ割り当てられた目や耳などのパーツ

入学２日目のワークは共立女子大学の学生がファシリテーション

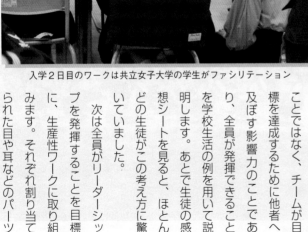

共立女子中学校

KYORITSU GIRLS' Junior High School

所在地■東京都千代田区一ツ橋2-2-1
アクセス■都営三田線・新宿線・地下鉄半蔵門線「神保町駅」徒歩３分、地下鉄東西線「竹橋駅」徒歩５分、JR中央・総武線「水道橋駅」徒歩15分
生徒数■女子のみ985名　電話■03-3237-2744

だけをひたすら書き続けて完成をめざすのですが、急いで書くことで面白い顔ができるため、あちこちで笑いが起こり、リラックスしたムードが生まれていました。もちろん単なる遊びではありませんので、ワークのあとは自分の行動がどのようなリーダーシップにあてはまるのかを確認します。

休憩をはさんで、ウィンドウズ自己紹介に移ります。入学間もない自己紹介は、「名前・住んでいるところ・趣味や好きなこと」程度の表面的な内容で終わってしまい、なかなか自己開示や友だち作りにまでつながらないのが実情です。このウィンドウズ自己紹介はこのクラスで「Only1 or No.1だと思うこと」「自分の強み」「クラスメイトに支援してほしいこと」「呼んで欲しい名前」を用紙の決まった枠（ウィンドウ）に興味を引くキーワードで書き込みます。この用紙を使って、グループ内で自己紹介、続いてペアになって違うグループへ遠征して他己紹介をします。他己紹介をするためにはクラスメイトの話をしっかり聞いておく必要があるので、一言一句聞き逃すまいとみんな真剣です。このワークでクラスメイトの特徴をかなり知ることができて、その後話しかけるきっかけ作りになったようです。

なお、初回は教員がファシリテーションするとどうしても身構えてしまうため、大学のリーダーシップ開発の授業で活躍しているLA（ラーニングアシスタント）に来てもらいました。年の近いお姉さんの楽しいファシリテーションで、リラックスして取り組めたようです。

全員がリーダーシップを発揮して高いタワーを建てよう

ペーパータワーワーク

入学1カ月後の探究学習は、ペーパータワーワークです。リーダーシップについて復習したあとは、４人グループで「クラスのなかで最も高いタワーを建てること」を目標に、紙15枚だけを使って3分間で取り組みます。その後は作戦会議を開き、今度は「最も個性的なタワーを建てること」を目標に話しあいます。アイデアがどんどん出て、まとめるのが大変だったものの、見事に個性的なタワーが教室のあちこちに建ちました。このワークもワイワイ楽しく取り組みますが、必ず行動を言語化します。「タワーの積み方を考える」「率先してタワーを建てる」「紙を折るなどのサポートをする」「タワーを積むコツを皆に共有する」「タワーが倒れても雰囲気を良くする」など自分のリーダーシップを前向きに振り返ります。

リーダーシップ開発の目指すもの

中学1年探究では、このあとも様々なワークを通じて知り得たリーダーシップを発揮する課題解決型学習（ＰＢＬ）を予定しています。

共立女子は1学年８クラス320名という、都内最大規模の完全中高一貫校です。伝統的に、勉強だけでなく多彩な行事や部活動などを通じて、誰もが輝ける場のある学校ではありました。今回、「共立リーダーシップ」として言語化することで、これまで以上に全員が学校生活の中で自己肯定感や自己有用感を持ち、どんなことにも主体的にかかわれる女性に成長することをめざしています。

前期の振り返りはグループ内で担当項目を決めて、リーダーシップ開発を知らない人を想定してのプレゼンテーション。説明することで定着を図る。

世の中のなぜ？を考える 社会のミカタ 32

このコーナーでは日本全国の自治体が独自に制定している「条例」を取り上げて解説します。「この条例はなぜつくられたのか？」を、一緒に考えてみましょう！
地域の特性や歴史的な背景を探ることで社会に対する見方を学ぶことができます。

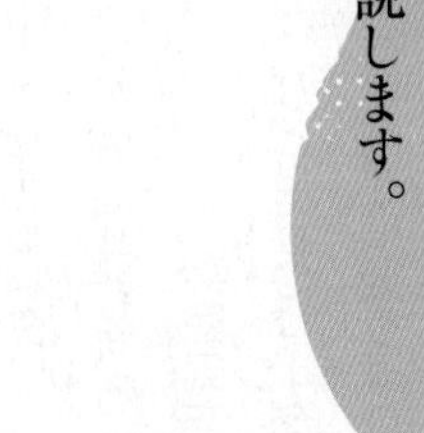

早稲田アカデミー 教務企画顧問
田中としかね

東京大学文学部卒業、東京大学大学院人文科学研究科修士課程修了。
著書に『中学入試日本の歴史』『東大脳さんすうドリル』など多数。
文京区議会議員。第48代文京区議会議長、特別区議会議長会会長を歴任。

埼玉県●さいたま市
「ケアラー支援条例」

今回紹介するのは埼玉県さいたま市で制定された条例です。さいたま市は人口130万人を超える政令指定都市になります。埼玉県の南東部に位置しており、東京都心から20～40キロメートル圏にすっぽりと収まっているかたちです。現在20ある政令指定都市の中では、唯一内陸県（海に面していない県）にあります。ちなみに政令指定都市20市の市長によって構成されているのが「指定都市市長会」です。大都市に共通する課題についての話し合いが行われていますよ。今年の「多様な大都市制度実現プロジェクト会議」では、これまでの「特別自治市」という呼称があまり広まっていないことを理由に、新たに「特別市」という通称名を使って情報発信に努めようという決定がなされました。秋以降の報道発表に注目していてくださいね。さて政令指定都市であるさいたま市は、行政単位として市の中に区を持つことができます。行政区と呼ばれ、さいたま市には10区あります。桜区・浦和区《うらわく》・南区・緑区・西区・北区・大宮区《おおみやく》・見沼区《みぬまく》・中央区・岩槻区《いわつきく》ですね。このうち「固有名詞」で成立している区について確認してみましょう。すなわち浦和区・大宮区・見沼区・岩槻区の四つになります。

浦和は埼玉県の県庁所在地でもあり、古くから中山道《なかせんどう》の宿場町として繁栄してきました。中山道は日本橋を起点に、板橋宿・蕨宿《わらびしゅく》・浦和宿と続きますからね。浦和は三番目の宿場なのです。では四番目は？　大宮宿になりますよ！

大宮は、東北・北海道新幹線の「はやぶさ」「やまびこ」「なすの」「はやて」、山形新幹線の「つばさ」、秋田新幹線の「こまち」、上越新幹線の「とき」「たにがわ」、北陸新幹線の「かがやき」「はくたか」「あさま」「つるぎ」

と、5つの路線の新幹線12種が走るという鉄道の結節点であり、東北・上信越方面から首都圏への玄関口になっていますよね。

見沼という地名は江戸時代の歴史に登場しますよ。「米将軍」と呼ばれた江戸幕府８代将軍の徳川吉宗による「享保《きょうほう》の改革」です。幕府の財政を立て直すために積極的に新田開発を行ったのでしたね。財政基盤である石高《こくだか》を増大させるためです。見沼にあった「ため井」（ため池よりも浅い、農業用水をためておくところ）が干拓され、新たに田んぼが誕生しました。そして代わりとなる農業用水の確保のために引かれたのが、利根川を取水口とする約60キロメートルにわたる見沼代用水《みぬまだいようすい》でした。「見沼の代わりとなる用水」という意味です。現在でも地図帳で確認できる、大きなかんがい施設になります。世界かんがい施設遺産にも登録されていますよ。日本では他にも、福島県の安積疏水《あさかそすい》、愛知県の明治用水、香川県の満濃池《まんのういけ》、熊本県の通潤用水《つうじゅんようすい》など多くの施設が登録されています。国際かんがい排水委員会（ＩＣＩＤ）によって、「建設から１００年以上経過し、かんがい農業の発展に貢献したもの、卓越した技術により建設されたもの等、歴史的・技術的・社会的価値のあるかんがい施設を登録・表彰する」ために創設された制度です。日本では農林水産省が事務局となっていますよ。

岩槻は「人形のまち」として知られていますよね。岩槻の人形づくりの歴史は、日光東照宮と深いかかわりがあります。江戸幕府３代将軍の徳川家光の時代、江戸幕府初代将軍の徳川家康をまつる神社として日光東照宮を造営するにあたって、全国から優れた工匠が集められました。岩槻は日光御成道の宿場町であったため、この工匠たちの出入りが盛んで、また住み着いた者も多くいたといわれています。そしてその中から人形づくりの技術が広まったと伝えられているのです。だからこそ、日光東照宮で見ることのできる豪華絢《ごうかけん》爛《らん》な装飾品の数々には、「岩槻人形」と同じ技法でできているものがあるというのです。「岩槻人形」は、経済産業大臣から伝統的工芸品に指定され、節句《せっく》人形生産量日本一を誇る埼玉県に、鴻巣市《こうのすし》などと共に貢献しています。

さて「ケアラー支援条例」です。「ケアラー」という言葉にはまだ法律上の定義はありませんが、一般的には、高齢・障害・疾病《しっぺい》などにより援助を必要とする家族・友人などの身近な人に、無償で介護・看護・世話などを行っている人をそのように呼んでいます。その中で18歳未満のケアラーは特に「ヤングケアラー」と呼ばれています。

ケアラーには、身体的にも精神的にも経済的にも、大きな負担がかかっています。離職せざるをえなかったり、社会から孤立してしまったり、場合によっては心身の不調などから重大な事件につながるようなことさえあります。さらに、ヤングケアラーにとっては、年齢や成長の度合いに見合わない重い責任や負担を負うことで、自身の学校生活や社会生活に深刻な影響を及ぼすこともあります。これまで、行政からの支援の対象といえば、「ケアを受ける立場の人たち」についてでしたが、「ケアラー」＝「ケアをする立場の人たち」が抱える問題についても目を向けて支援していくことが、今まさに求められているのです。そうした背景から、今年の７月１日に施行されたのが、さいたま市の「ケアラー支援条例」なのです。「日常生活において支援を必要としている人の周りには、それらの人を支える多くのケアラーの存在があり、それは決して特別な存在ではない」という文言ではじまるこの条例では、「誰一人取り残すことなく、ケアラーを社会全体で支えていく必要がある」ということをうったえ、「一人ひとりのケアラーが自分らしく、健康で文化的な生活を営むことができる地域社会の実現を目指」すことがうたわれています。また同じ埼玉県の入間市では「ヤングケアラー」の支援に特化した条例が、同じく7月1日に施行されていますよ。学校生活や進路などに支障が出ないよう、ヤングケアラーを早期に発見し、社会全体で支える環境を整備することを目的としています。

今月のキーワード

地理的要素 ● 日光東照宮　伝統的工芸品

歴史的要素 ● 享保の改革　見沼代用水

公民的要素 ● 行政区　農林水産省

時事的要素 ● 世界かんがい施設遺産　ヤングケアラー

それぞれの要素から、今月取り上げた条例に「逆算的」にたどり着けるか、考えてみよう！

ススムくん
何でも知りたがる
小学生の男の子

ユメちゃん
ふむふむ考える
小学生の女の子

ススムくん&ユメちゃんの
世の中まるごと見てみよう！

本所防災館《ほんじょぼうさいかん》で、災害《さいがい》への備《そな》えについて学んだよ！

8月30日から9月5日は「防災週間《ぼうさいしゅうかん》」なんだって。毎年学校でも避難訓練《ひなんくんれん》をしているよ

いざというとき、私はしっかり行動できるかな……。実際に体験しながら学んでみようよ！

教えていただいたのは…
本所防災館　副館長
田村 等《たむらひとし》 さん

本所防災館

東京消防庁が運営する防災学習施設。さまざまな災害への備えや応急手当・119番通報など非常時の対策について、体験しながら学ぶことができます。

「防災の日」「防災週間」

大正12（1923）年9月1日に発生した「関東大震災《かんとうだいしんさい》」で、東京をはじめとする首都圏は大きな被害を受けました。また、昭和34（1959）年9月26日には、「伊勢湾台風《いせわんたいふう》」が各地に戦後最大の被害をもたらしました。これらのことがきっかけになり、災害に対する心構えを育成するため、9月1日が「防災の日」、8月30日から9月5日が「防災週間」と定められました。

関東大震災では、建物の倒壊《とうかい》に加えて大規模な火災も起きたんだね。本所防災館がある辺りも、大きな被害を受けたんだって。

「都市型水害《としがたすいがい》」を知ろう！

都市型水害体験

水圧でドアが開けられなくなることを学びます。

道路が浸水《しんすい》していると、閉じ込められちゃう危険性もあるんだ……。車なら安全に避難できるとは限らないのね

つまり、暴風雨がひどくなったり道路が浸水したりする前に、しっかり状況を判断して行動することが大切なんだな

暴風雨《ぼうふうう》体験

台風のような強い風と雨を体験します。

強い風と雨で、体を支えるだけで精いっぱいだ……！　それに、前が見えにくくてすごくこわいよ。こんななか、歩いて避難するのは危険すぎる！

ススムくん＆ユメちゃんが自分でやってみた！

スイカとメロンの種をまいてみると……？

今年はスイカやメロンをたくさん食べたね。

ユメちゃん、ぼくは思い付いたよ!!　食べたスイカとメロンの種をまけば、来年はたくさん実がなって、食べ放題ができるんじゃないかな！

ええっ!?　でも、そんなに簡単に芽が出るのかなあ……

2つのやり方で実験してみよう！

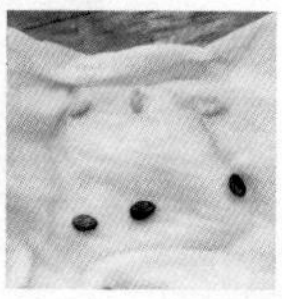

❶ 水を含ませたキッチンペーパーの上にのせ、暗いところに置く

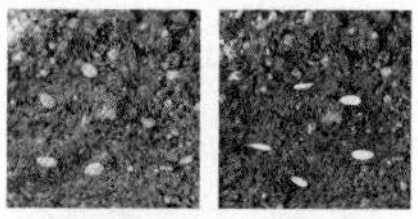

❷ 土にまく

スイカ　メロン

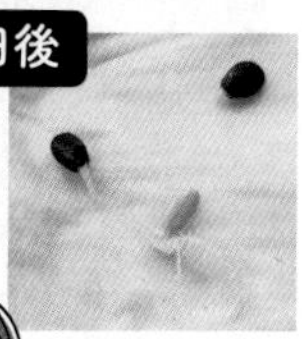

3日後

わわわっ、白い根っこが出てきた！

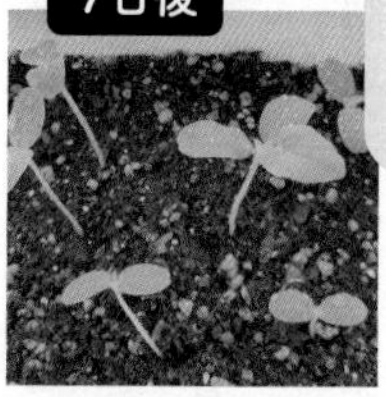

7日後

土にまいた方は、ちゃんと芽が出てきたよ！　やったー!!

でもススムくん、調べてみたら、スイカやメロンを育てるためには『3月から4月にかけて種をまきましょう』って書いてあるよ。今から育てても、実がなる前に夏が終わっちゃうよ

本当だ。よーし、ぼくは今年食べた種を取っておいて、3月にもう一度挑戦するぞ！　そして来年は、スイカ＆メロンの食べ放題をするぞー！

ススムくんの夢は実現するのかな!?

五感で学ぶ「もしものとき」

防災シアター・VR防災体験

地震・火災・風水害について大きなスクリーンで学習します。

地震《じしん》体験

大きい地震の揺れを体験。

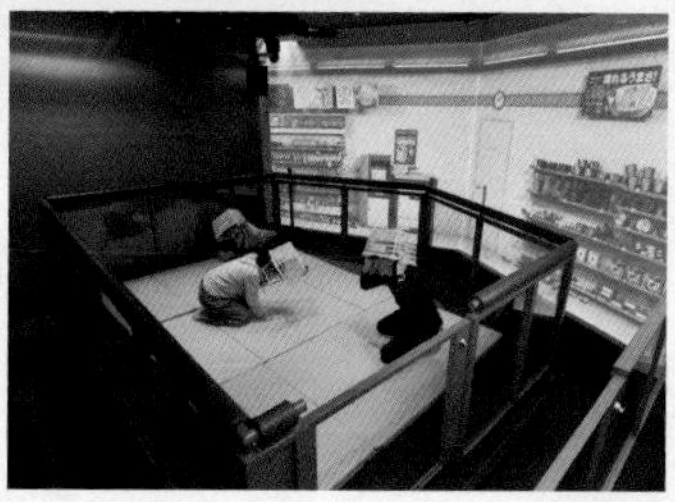

もしもコンビニエンスストアにいるときに地震が起きたらどうしたらいいか、みんなはわかるかな？

煙《けむり》体験

火事のときに逃げる方法を学びます。

煙は上の方にたまっているね。なるほど、非常灯が床やかべの下に設置してあるのは、万一のときでもきちんと見えるようにするためなんだ！

「防災」のためにできること

小学生ができること

「自分の身は自分で守る」意識を持つ

もしも自分を助けるために、誰かが危ない場所へ戻ってしまったら……？　そんな事態を避けるためにも、「こんなときはどうするか」を学び、自分で行動できるようになりましょう。

「大人に声を掛ける」勇気を持つ

火事の現場や倒れている人を見つけたときは、大きな声で周囲の大人に知らせましょう。その勇気が、被害を最小限に防ぐ大きな力になります。

家族でできること

「ハザードマップ」を確認する

いつも車で通っている道は、大雨のときにはどうなる？「避難場所」と「避難所」の違いは？　万一のことが起こる前に、家族で必ず地域のハザードマップを確認しておきましょう。

「プラス1」の備えを

いつも食べているレトルト食品や冬によく使うカセットコンロなども、災害時は大いに役立ちます。「少し多め」に準備をしておくことで、もしものときも普段に近い生活を維持できます。

INFORMATION　本所防災館（東京消防庁　本所都民防災教育センター）

〒130-0003 東京都墨田区横川4-6-6　TEL. 03-3621-0119(開館時間のみ)
https://tokyo-bskan.jp/bskan/honjo/
開館時間／9：00～17：00（入館は16：30まで）
休館日／毎週水曜日・第3木曜日(国民の祝日に当たる場合は翌日)
　　　　年末年始(12月29日～1月3日)
アクセス／JR総武線「錦糸町駅」北口、半蔵門線「錦糸町駅」4番出口から徒歩10分
　　　　　京成押上線・都営浅草線・東武スカイツリーライン・半蔵門線「押上駅」
　　　　　B1・B2出口から徒歩10分
※新型コロナウイルス感染症の拡大防止のための対策を実施しております。また、体験はツアー方式です。ご来館前にWebサイトをご確認ください。

TOTO

お仕事見聞録

「働く」とは、どういうことだろう…。さまざまな分野で活躍している先輩方は、なぜその道を選んだのか？ 仕事へのこだわり、やりがい、そして、その先の夢について話してもらいました。きっとその中に、君たちの未来へのヒントが隠されているはずです。

商品・プロモーション企画担当者

TOTO株式会社

村山　成二さん

PROFILE

2005年3月、学習院高等科卒業。2009年3月、学習院大学経済学部経営学科卒業。同年4月、TOTO株式会社に入社し、東北支社市場開発課に配属。以降、岩手・宮城県にて営業に従事し、2018年10月に浴室・洗面商品営業グループへ異動。戸建て住宅向けユニットバスルームの商品、プロモーションの企画・推進を担当、現在に至る。

—ＴＯＴＯとは？

1917年に創立した、【ＴＯＴＯ】の文字でお馴染みのトイレ・水栓金具・ユニットバス・システムキッチン・洗面化粧台など、皆さまの生活に深く関わる商品の製造・販売を行う水まわりの総合メーカーです。

そのほか、衛生陶器の製造などで培った知見を生かし、半導体の製造装置など、セラミック事業にも取り組んでいます。

—ＴＯＴＯに就職しようと思ったきっかけは？

大学ではマーケティングや簿記など、一般的な経済に関することを学びました。

就職活動をするときには、「形あるモノで広く世のなかに関わり、貢献したい」という思いから、誰もが日常的に触れる商品を製造するメーカーを中心に就職活動を行いました。

数あるメーカーのなかでＴＯＴＯに就職したいと思ったのは、〝水まわり〟という人が生活するうえで欠かせないモノに関われることに魅力を感じたからです。また、会社説明会で出会った社員の方の熱い言葉から実直な社風を感じ、「この会社で働きたい！」と強く思いました。

—【商品・プロモーション企画担当者】の仕事について教えてください

私が所属する浴室・洗面商品営業グループでは、浴室や洗面商品の新商品プロモーション（販促）の企画立案や推進を行っています。そのなかで私が担当しているのは、戸建て住宅向けのユニットバスルームです。

具体的な仕事の流れとしては、まず、開発担当者や製造担当者など、さまざまな部署の人と意見交換しながら「お客さまのニーズに合う商品」を目指し、商品化を進めていきます。そして、商品の仕様が決定すれば、すぐに開発に関わった担当者の意見も取り入れながら、全国の当社の営業担当者やショールームのアドバイザー向けに、商品の良さをお客さまにお伝えするためのマニュアルや動画を作成します。

また、実際に商品を購入されたお客さまの評価を追いかけることで、作成したマニュアルや動画が正確に情報を伝えられるものになっているのかどうか、課題がある場合はどのように解決に導くかなどの検討を行うのも、私たちの仕事のひとつです。

—市場の流行などについてはどうやって知るのですか？

同じチーム内のメンバーでも年齢や性別、趣味嗜好が異なるため、ミーティングなどの場を使いながら積極的に意見交換をするようにしています。さらに、ＳＮＳにどのような商

品がアップされているのかを調べたり、ときには他社のショールームを見学したりして情報収集を行っています。また、流行の発信地は海外であることが多いので、「世界で何が流行っているのか」もチェックするようにしています。

ちなみに、以前は「日本人＝お風呂好き」が大前提でしたが、近年ではライフスタイルや生活スペースの変化から、浴槽に浸からずシャワーで済ませる人が年代を問わず増えてきているように思います。また、コロナ禍で〝おうち時間〟が増えたことにより、掃除などの家事負担を少しでも減らしたいと考えられる方も多く、浴室の自動洗浄機能のニーズが高まっているようです。

―業務を遂行するうえで一番難しいことは？

私たちが考えた商品がどんなに良いものだったとしても、社内の営業担当者に「売ってください」と伝えるだけでは、お客さまに本当に知ってほしい魅力が届かない可能性があります。そのため、新商品発売時は「どのような点がお客さまにとって魅力があるのか」「その魅力は今までの商品や他社の商品と具体的にどう違うのか」「それをどのような言葉でお客さまに伝えるのか」といったことまで考え、全国の販促に関わる一人ひとりに正しく情報が伝わるようにする――。これが一番難しいと思っています。

また、近年、デジタルツールが拡充したことで、商品の購入を検討されているお客さまに最新情報をタイムリーに、しかもダイレクトに伝えることができるようになりました。実際の商品の質感や新機能の細かい点などを、画像や言葉を使ってどのように表現すれば正しく伝わるのか。これも頭を悩ませていることのひとつです。

―社外（代理店・販売会社・工務店など）や社内の他部署の方々と接する際に気を付けていることは？

ひとつは「相手の話をしっかりと最後まで聞く」です。特に自分と異なる意見の場合は、相手の立場や気持ちを考えながら話を聞くことで、相手が伝えたいと思っていることを理解し、本当の意味での双方向のコミュニケーションが取れると思うのです。ふたつ目は、「お願いしたいことがあるときはしっかりと伝える」です。メールでの依頼は一方的になりがちなので、メールを送った後に一本電話を入れるなど、依頼する相手とスムーズに仕事が進められるよう、気遣いもするようにしています。

そして、自分の考えていることはひとつの小さな意見に過ぎず、市場やお客さまが本当に求めていることは現場の声を集めなければわからない。〝メーカー側の視点〟だけで対応しない――。これらも常に忘れないようにしています。

―仕事におけるこだわりは？

「悩む」ではなく「考える」にこだわっています。というのも、「悩む」と「考える」は同じように思うかもしれませんが、実は「悩む」は「どうしよう」という思いだけが頭をグルグルしているだけで答えに近づいているわけではありません。一方、「考える」は「正解を導き出す、もしくは正解に近づくために頭を使うこと」

SCHEDULE

ある一日のスケジュール

8:50	出勤
9:00	メール・スケジュールチェック
10:30	チームメンバーとのミーティング（各自担当業務の進捗確認・課題共有）
12:00	昼食
13:00	関連部署との打ち合わせ（新商品の企画・プロモーションの方向性の検討）
14:00	打ち合わせ結果のまとめ資料作成
15:00	上司への進捗報告
16:00	チームメンバーとの打ち合わせ
17:00	メール・スケジュール整理。資料作成の続き
18:00	退勤

であり、「どうしたら……」を繰り返すことで少しずつでも着実に答えに近づいていくことができるからです。

また、自分の気持ちや仕事の進め方などのように「変えられるもの」と、相手の考えや仕事の内容などのように「変えられないもの」を切り分けることで、前向きに仕事に取り組むことも大事だと思っています。

もうひとつ、こだわっているのがすべての仕事について、「自分ひとりで解決できること」と「他の人の力を借りないと解決できないこと」を分けて考えることです。特に後者に関しては、「いつまでに、誰に、何を確認する、またはお願いする」を明確にしたうえで、優先的に自身のスケジュールを組み、対応するようにしています。「自分ひとりで解決できること」についても、自分だけで解決できないと思えば、早めに同じチーム内のメンバーに声を掛け、手伝ってもらうようにしています。

―どんなときに達成感が得られますか？

新しい商品は何年も検討を重ねて発売を迎えることもあり、自分が関わった商品が社内外で評価されたときには「ここまでやりきって本当によかった」と大きな達成感が得られます。

たとえば、2018年8月1日に新発売したバスルーム『SYNLA（シンラ）』の場合、「ファーストクラス浴槽」や肩から温める「肩楽湯」など、数多くの新機能が加わりました。それらの魅力をお客さまにわかりやすく伝えることができるように何度も検討したのはもちろんのこと、営業担当者への伝達にもかなり力を注ぎました。その結果、ハイクラスの商品ながら現在もなお、多くのお客さまに支持をいただけている――、本当にうれしく思っています。

―この仕事に就くための資質とは？

社内のさまざまな部署や取引先だけでなく、ときには実際に商品を使用されているお客さまとも会話をする必要があるので、コミュニケーション力は絶対に欠かせないと思います。

できれば、学生時代から同年代だけでなく、さまざまな年代の人とも積極的に会話することで、ほかの人の意見や考え方をしっかりと聞き取り、さらには自分の意見を的確に伝えられるようになっておいたほうが良いと思います。

―これから成し遂げたいことは？

私が担当しているユニットバスは、多くの方々は、家を新築するときと改築または住み替えのときの2度ほどしか関わることがありません。しかし、見方を変えれば車を使用しない日はあっても、お風呂を使用しない日はほとんどないはずです。

そのような商品だからこそ、TOTOのユニットバスがお客さまに満足していただけるよう、できれば感動を与えられるよう、さらなる商品開発やより良いプロモーションに取り組んでいきたいと思っています。

―子どもたちに将来へ向けてのアドバイスをお願いします

「自分が何に向いているか」「どういうことにワクワクするか」を知るためにも、まずはいろいろなことに興味関心を持って取り組んで欲しいと思います。なかには取り組んでいるときにはあまり意味を感じないことでも、大人になってから役立つことはたくさんあります。

また、友人、先輩や後輩と過ごす時間は学生の間にしか経験することができない貴重な財産です。ぜひとも、多くの人たちと楽しく濃密な時間を過ごして欲しいと思います。

―仕事とは？

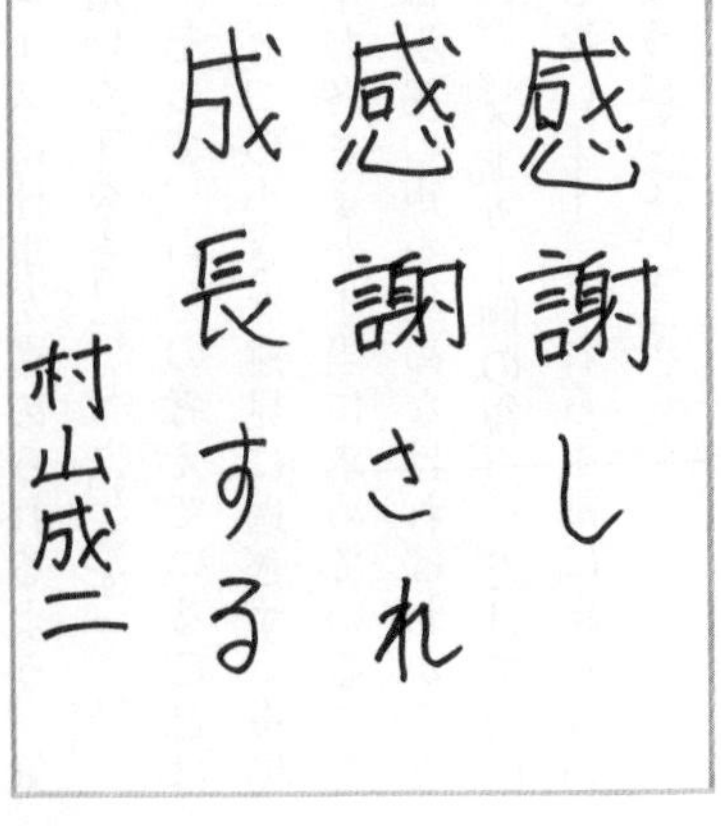

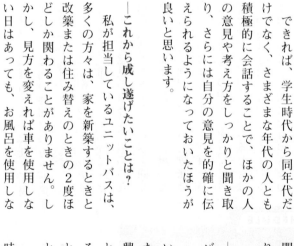

タイアップ記事

東洋《とうよう》英《えい》和《わ》女《じょ》学《がく》院《いん》中学部

「一杯のコーヒーから始めるSDGs」をスローガンに サステイナブルな社会づくりを考える探究学習

東洋英和女学院中学部では、高等部の有志生徒が総合的な探究の時間をきっかけに発足した「コーヒープロジェクト」に取り組んでいます。その目的やこだわりについて、活動の中心となっている佐藤《さとう》優理《ゆり》さん（高2）、保母《ほぼ》さらさん（高3）、折田《おりた》彩乃《あやの》さん（高3）の3人に伺いました。

Eiwa Café
TOYO EIWA×KOTOWA
東洋英和女学院 中高部

完成したコーヒー「Eiwa Café」のパッケージ

一杯のコーヒーから始めるSDGs
私たち東洋英和コーヒープロジェクトは、サステイナブルコーヒー“Eiwa Café”を広めることによって、コーヒー農園の人々と普段コーヒーに馴染みのない女子中高生をつなぎ、SDGsに貢献することを目指します。
東洋英和女学院中高部から皆さんにお届けする“Eiwa Café”のコーヒー豆は、中米パナマにあるコトワ農園で栽培されています。この農園では、豊かな自然環境を守りながら、農園で働くノベ族の人々の人権を尊重し、子どもたちが通う近隣の学校の教育環境向上のための支援をしています。世界中の子どもたちは、平等に質の高い教育を受ける必要があります。
香り高く美味しい“Eiwa Café”を飲むことで、子どもたちの主体的な学び・自由な進路選択の実現、そして、「SDGs 4：質の高い教育をみんなに」の実現の第一歩となるのです。
東洋英和女学院
中学部・高等部
×
MI CAFETO
Japón
中高部“Eiwa Café”が目指す５つの開発目標
4
8
12
15
17

プロジェクトのコンセプトを記載したキーメッセージカード

コーヒーの販売を通して 教育格差のない社会をめざす

Q プロジェクト概要を教えてください。

保母さん：世界中の教育格差をなくすことが目的のプロジェクトで、パナマにあるコトワ農園で栽培された「アルト・ルナ」というコーヒー豆で製作したドリップバッグコーヒーを販売しています。

パナマの先住民族の子どもたちが通う学校の支援をしているコトワ農園の豆を使うことで、現地の教育を支えるというものです。

折田さん：私は、探究の時間の講演で聴いた、東洋英和女学院大学がコロンビアの女性支援のために行っている「東洋英和コーヒープロジェクト」に感銘を受けました。それをきっかけに、高校生である私たちにもなにかできないかという思いからプロジェクトをスタートさせました。

佐藤さん：7月に行われたオープンスクールで初めて商品を販売したところ、短時間で完売となりました。現在は学内での予約販売を行い、より多くの生徒にこのプロジェクトを知ってもらうための周知活動をしています。今後は近隣の商店街など学外でも販売できるよう、準備を進めているところです。

Q 活動のなかで大変だったことは？

折田さん：コラボレーションしている株式会社ミカフェートの方と打ちあわせをして、パッケージに記載するキーメッセージをまとめていくのがとても大変でした。普段コーヒーにあまりなじみのない中高生にも興味を持ってもらえるよう、意識して言葉を選んでいます。

保母さん：パッケージデザインを決める際も、イラストを担当した生徒と話しあいながら、試行錯誤を繰り返しました。「パナマの子どもたちと英和生がコーヒーと教育でつながる」がコンセプトデザインになっています。また、学院のシンボルであるカエデをラテアートで表現するなど、英和らしさをだしました。

Q 活動を通して学んだことは？

佐藤さん：コーヒーが私たちの手元に届くまでの工程をミカフェートの方に説明していただく機会があり、普段、自動販売機などで手軽に買っているコーヒーのサプライチェーンにも多くの手間がかかり、様々な問題があることを知り、考えさせられました。

折田さん：支援活動というと、募金をしたり物品を送ったりするイメージがありました。しかしこのプロジェクトを通して、フェアトレード※は当たり前のことで、さらに一歩進めてよい商品を一過性ではなくサステイナブルに取引をしていく活動を経験できました。

Q 読者にメッセージをお願いします。

折田さん：受験勉強で思うようにいかないこともあるかと思いますが、自分が志望校の制服を着る姿や中学校生活を送る姿を想像しながら乗り越えていってほしいです。

保母さん：私は小学部からの進学で、中学部から入学する仲間が増えるのを楽しみにしていました。アットホームな雰囲気の学校で面倒見のいい先生も多いので、安心していらしてください。

佐藤さん：よく、受験では気力と体力が重要だといわれます。自分の心と身体を大切にして、受験期を過ごしてほしいです。応援しています。

School Data〈女子校〉

所在地：東京都港区六本木5-14-40
ＴＥＬ：03-3583-0696
アクセス：都営大江戸線「麻布十番駅」徒歩５分、地下鉄南北線「麻布十番駅」・地下鉄日比谷線「六本木駅」徒歩７分
ＵＲＬ：https://www.toyoeiwa.ac.jp/chu-ko/

説明会情報

◆学校説明会
11月5日(土) 12月26日(月)
いずれも①10:00～ ②13:30～ ③15:30～
◆楓祭(文化祭)
10月21日(金)・22日(土)
※すべて要予約。詳細は学校HPでご確認ください。

※開発途上国の製品を適正な価格で継続的に購入することで、開発途上国の生産者や労働者の生活改善と自立をめざす仕組み

6年後夢をかなえる中学校

夢中

国府台女子学院《こうのだいじょしがくいん》
中学部・高等部

千葉県／市川市／女子校

平田《ひらた》 史郎《しろう》 学院長

図書館は主体的に学びを深める「知の宝庫」

4年後に創立100周年を迎える本学院は、仏教哲学の根幹である「智慧」と「慈悲」、つまり「高い教養」と「豊かな人間性」の体得を建学の精神としています。

その建学の精神を具現化したのが、学校の中心にある図書館です。生徒が主体的に知性を高められる環境をつくるため、登校時に毎日必ず通る玄関正面に、ガラス張りの明るく広い図書館を配置しました。さらに、5万冊を超える蔵書のほとんどを公開された本棚に置くことで、気になる本があればいつでも手に取れるようにもしています。その効果もあってか、「入学してから読書が好きになった」という声もよく聞かれ、1年間に200冊以上の本を読破する生徒も数多くいます。

近年、新しい学力観として重視されている「思考力」「表現力」「コミュニケーション力」などの力は、言い換えれば「言葉の力」であり、この力を高める最良の方法も「読書」であると私たちは確信しています。

「なりたい自分」へ着実に近付く6年間

本学院の教育カリキュラムは、中高一貫校のメリットを生かした綿密なプログラムと、それに沿った段階的な授業が特徴です。中学部では徹底的に基礎学力を定着させることを目指し、高等部では2科6コースの多彩なクラス編成と選択授業によって、各自の志望に合わせた学習を可能にしています。また、近年は理系の大学・学部を目指す生徒が増えています。このような生徒の志向の変化に合わせ、理系科目の指導を強化するなど柔軟に対応することで、理系大学だけでなく、医・歯・薬を含む医療系大学への現役進学においても大きな実績をあげています。

本学院での6年間は、何事においても生徒たち、つまり女子が主人公になります。このような経験は、将来、男女共同参画社会で積極的に活動する素地を育むものになるに違いありません。「社会で主体的に活躍できる女性を育てる」という本学院の社会的使命を、100周年を超えても変わらず堅持していきたいと考えています。

Pick up! 生徒がつくる図書館

図書館は、図書委員を中心に生徒が主体となって運営しています。図書委員はカウンター当番や蔵書点検だけでなく、図書館を紹介する動画作成やテーマ展示なども行っています。また、図書館は「発信する場」としても生徒に活用されています。部活動の作品を展示したり、自主的に調べたことを掲示したりするなど、生徒同士の交流の場としても機能し、学校生活に深くかかわっています。

図書委員が相談しあって展示を考えます

Pick up! 調べ、考え、表現する力を養う

中学部では「情報リテラシー」という授業を3年間行います。この授業は、書籍や新聞のような情報の典拠が正確なものから、必要とする情報を適切に引き出すスキルを身につけることを主な目的としています。そのような情報をもとに、課題を多角的に捉え、考えをレポートにまとめていく経験は、社会で必要とされる情報整理・発信能力、問題解決能力の養成につながっています。

書籍の検索スキルは大学・社会でも役立ちます

先輩先生が教えます！

国府台女子学院ってどんな学校？

ご登場いただいたのは、国府台女子学院を卒業し、
今は母校の教壇に立たれている先生方。
生徒だったころの思い出や、今先生として思うことなどを
語っていただきました！

Q&A

Q1：受験のきっかけ・志望した理由
Q2：教員を志した時期・目指したきっかけ
Q3：在校時と現在で、学校の変わったところ・変わらないところ
Q4：メッセージ

岡村《おかむら》 香苗《かなえ》先生

社会科／中学部2年担任／吹奏楽部顧問
2014年　国府台女子学院高等部卒業

＼中・高時代のわたしは…／
【部活】オーケストラ部 【思い出に残っている学校行事】学院祭。部の公演があり、おそろいのTシャツを着て仲間と楽しく演奏した一体感・高揚感は忘れられません。【趣味】楽器を弾くこと 【将来の夢】保育士→世界史の先生 【学校の中で好きな場所】寿光殿（講堂）。仏壇があり荘厳な雰囲気で、背筋がシャンと伸びる緊張感が好きです。

A1 自宅から近くて通いやすいこと、オーケストラ部があることから興味を持ち、学院祭に足を運びました。各教室や寿光殿での部活動の発表で、在校生がとても生き生きと楽しそうにしており、女子だけでもさまざまなことに積極的に取り組んでいる姿を見て感動し、「私もこの中に入りたい！」と思いました。

A2 高校1年で教わった世界史の先生の授業に感銘を受け、歴史を教える仕事に憧れを持ちました。その後、大学受験で悔しい思いをした時に担任の先生に励ましてもらったことがきっかけで、「生徒一人ひとりの将来のために、真剣に考え支えてあげられる、学校の教員になりたい」と思うようになりました。

A3 良い意味で、時代の流れに沿って柔軟に変わっていると思います。例えば、規則なども固定化されたものではなく、必要があればその都度、新たな内容にアップデートされています。変わらないのは、先生と生徒との距離感がとても近く、いろいろ相談をしやすい雰囲気があるところです。先生が生徒の様子をよく見てたくさん話しかけ、笑顔で会話をする様子や、生徒たちが休み時間や放課後に、積極的に勉強や生活面に関する質問・相談をしに行く様子は、私が生徒だったときと同じです。

A4 みんなが口々に「ご縁に感謝」と言って卒業していく様子が印象的です。本学院では、常に寄り添ってくれる先生や、優しい友人と出会い、安心して楽しく学校生活が送れると思います。また、仏教教育を通して、さまざまな場面で感謝・思いやりの気持ちを持てる心も育ちます。温かで落ち着いた雰囲気のある学校で、充実した6年間を一緒に過ごしましょう。

高校時代の岡村先生（左）と植田先生（右）

教育実習も一緒でした！

植田《うえだ》 世呂《せろ》先生

英語科／中学部3年担任／オーケストラ部顧問
2014年　国府台女子学院高等部卒業

＼中・高時代のわたしは…／
【部活】オーケストラ部 【思い出に残っている学校行事】大運動会。恒例の仮装行列が目玉で、準備期間も含めて運動の得意不得意に関係なく盛り上がりました。【趣味】チェロを弾くこと、食べること 【将来の夢】先生か、食に関わるお仕事 【学校の中で好きな場所】友人と毎日を過ごした教室。太陽の光がたっぷり差し込む、温かい雰囲気が大好きでした。

A1 母の紹介がきっかけです。行事も多く、活気のある雰囲気に魅力を感じました。温かな校風や通学のしやすさも理由となって受験を決めましたが、入学後、想像以上にアットホームな雰囲気で驚きました。

A2 もともと教員の仕事に興味はありましたが、本学院で過ごした6年間と、そこでのご縁が大きな理由となり、「この学校に教員として戻りたい」と強く思うようになりました。私がこの学校で先生方にしていただいたように、生徒に寄り添い、一緒に考えられる教員を目指しています。実は、私は英語が苦手でした。だからこそ、「苦手だ、わからない」という生徒の気持ちがわかるこの教科を教えることに決めました。

A3 高校1年時に新校舎が完成し引っ越しをしました。その当時から今まで、綺麗で温かみのある校舎は変わらない素敵なポイントです。また、先生方が親身になってくれる点、優しい生徒が多い点も変わらない本学院の魅力です。一方で、創立100周年に向け、新制服の導入など新しい動きもあります。活気にあふれた生徒たちが新しい取り組みの中で、これからの学校をどのように変えていくのかとても楽しみです。

A4 ご縁を大切にする温かい学校です。私は個性あふれる級友に出会い、毎日が本当に充実していました。その級友とは今も変わらない関係を築いています。みなさんもきっと、優しい友人たちや親しみやすい教員と出会い、温もりのある校舎で唯一無二の学校生活を送れることと思います。ここでのご縁は一生ものとなるかもしれません。かけがえのない時間を過ごしていただきたいと心から願っております。

SCHOOL DATA
国府台女子学院

〒272-8567 千葉県市川市菅野3-24-1　TEL 047-322-7770（中学部）
JR市川駅より徒歩12分／京成本線 市川真間駅より徒歩5分

クローズアップ!!

Close up!!

東京　板橋区　男子校

城《じょう》北《ほく》中学校

伝統ある指導と充実した学習環境のもと学力と人間力を大樹のように育む

教育スローガンに『城北は成長の場《ここ》だ』を掲げ、中高6カ年を3期に分けた一貫教育体制を敷く城北中学校。大学受験のための勉強だけに偏ることなく、芸術科目や部活動などにも力を入れ、クリエイティビティーを発揮することができる機会を豊富に用意しています。

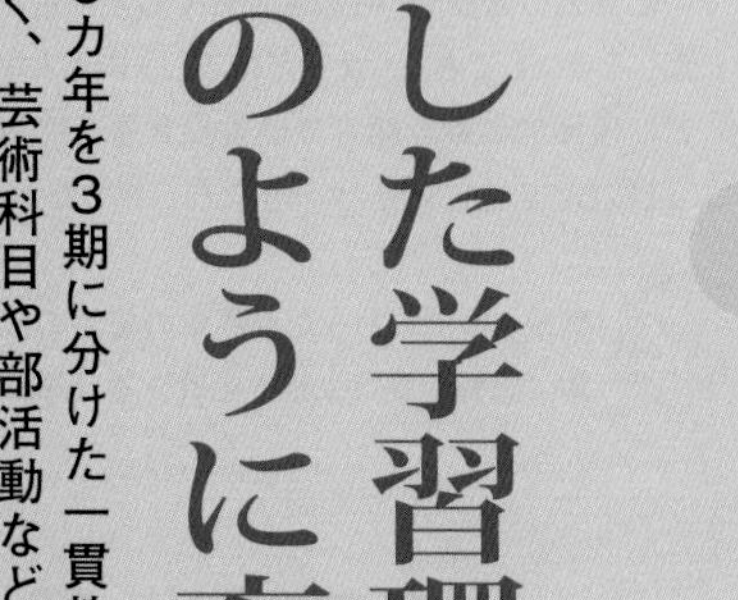

小俣《おまた》 力《ちから》
校長先生

自由と規律のバランスのとれた校風で社会を導くリーダーを育成する

２０２１年に創立80周年を迎えた城北中学校（以下、城北）。伝統ある男子教育で「人間力」を育むほか、生徒の探究心やチャレンジ精神を刺激する学習プログラムを多数用意しています。城北の創立者で儒学者でもある深井鑑一郎の教えとして、いまも大切に受け継がれている言葉が「質実厳正」と「刻苦勉励」です。その言葉の意味について小俣力校長先生に伺いました。

「『質実厳正』は人がいつの時代もつねに心得とすべき、礼儀と公正を重んじることです。服装や言葉などは飾ることなく、礼儀正しくありなさいという教えですので、制服は家計への負担も考慮して伝統的にシンプルな学生服、いわゆる学ランを採用しています。また、『一意勉学に励み、心身の鍛錬を心懸《が》けよ』という意味の『刻苦勉励』は、簡単に言えば一生懸命勉強しなさいということと考えています。この２つの教えに沿って、城北の生徒たちは志望大学への進学をめざし日々努力を重ねています」（小俣校長先生）

学校施設

屋内温水プールや２つの体育館など体育施設が充実しています。２クラスが同時に学べる音楽室や美術室を備えた芸術棟もあり、芸術科目にも力を入れています。今年の９月には人工芝グラウンドが完成予定です。

校舎

1941年の創立当初から変わらない城北の教育目標が「人間形成と大学進学」です。

「創立時から進学校であった城北は、とくに進路指導に注力しています。生徒は結果を出すことは当然ととらえており、多くの卒業生が難関大学へ進学しています。

また、校長として9年目を迎え、これまで以上に人間形成にも力を入れ、様々な取り組みを進めているところです。人間形成とは『社会を支え、社会を導くリーダーとして活躍する人間、社会を支え、人と人とをつなぐことのできる人間育成』のことです。大樹のように豊富な知識をもとにしっかりと根を張って土台を作り、思いやりや優しさも兼ね備えた人間に育ってほしいと願っています」（小俣校長先生）

城北が大切にしている人間形成の取り組みの1つが芸術の授業です。例えば、音楽の授業では、1クラス全員が使用できる台数のヴァイオリンを用意し、昨年から中3の授業で活用しています。伝統的な泥臭い男子校のイメージも大事にしつつ、いまの時代に合う紳士的な面も併せ持った男子を育てています。

そのほか、人間関係の構築や目標に向かって切磋琢磨する経験など、人間形成に大きな影響を与える部活動も盛んです。中学は原則全員加入で、運動部23、文化部24の部が活動しており、生徒たちは協働することの大切さを感じ、目標達成に向けた主体性を身につけていきます。

6年間を3期に分けた一貫教育で志望大学への合格をめざす

「人間形成と大学進学」という教育目標を達成するため、中高6カ年を3期に分けた一貫教育体制が敷かれています。中1・中2は土台を作る大切な「基礎期」です。基本的な生活習慣と基礎学力の定着をめざしながら、行事や部活動に真面目に楽しく取り組むことで、探究心や行動力を向上させ、社会性や思いやりを高めていきます。

中3・高1は「錬成期」。学習の難易度が徐々に上がっていくこの時期は、自主的な学習習慣を身につけつつも、「将来を考える会」や「研修旅行」などの体験を通して広く社会や自分の未来に目を向けることを大切にしています。科目によって中3から高校の内容を扱うこともあり、毎年入れ替えが行われる選抜クラスが2クラス設けられるなど、より高度な学習を実践し、生徒の知的好奇心を刺激します。

iRoom

体育館

採光性に優れた廊下

テニスコート

高２・高３は集大成となる「習熟期」で、高２で文系・理系に分かれます。高３ではさらに、国公立文系・理系、私立文系・理系に細分化されます。加えて、普段の授業だけではなく、夏期・冬期休暇中の講習会をはじめ、１人ひとりの志望進路に合わせた学力向上のためのきめ細かな取り組みが行われています。

「中学生の早い段階でしっかりと基礎学力を養い、錬成期に自主的な学習習慣を身につけることで、大学入試直前まで生徒たちは自らの実力を高めて、それを発揮できるように成長していきます。

校内の自習室や教室を平日20時まで（土曜は18時まで）開放していますので、放課後は部活動のあとにも利用することが可能です。校内で教員のサポートを受けながら、ときには生徒同士が教えあいながら自学自習に励んでいます。その結果、高３の約４割の生徒が塾や予備校などのサポートを受けずに現役で志望する大学に合格していて、なかには東京大学に合格した生徒もいます。

また、学校で過ごす時間が長い生徒たちのために、食堂は昼休みだけでなく朝から夜まで利用できますし、軽食を購入できる自販機なども設置しています」（小俣校長先生）

ＩＣＴを積極的に活用し課題解決力を育む

さらなる学力向上のため、今年から始まったのが「主体的な特別活動」の時間です。月曜日と土曜日以外の朝８時15分から９時までの45分間を０時間目とし、授業の枠にとらわれずにやりたいことや伸ばしたいこと、または補習などの時間にあて、生徒それぞれが自分の課題に向きあい主体的に取り組んでいます。

城北では、それらをサポートするためのＩＣＴ教育にも早くから注力してきました。

「本校のＩＣＴ教育は、生徒自身がやりたいことを探究・実現するためのツールやノウハウを提供し、クリエイティビティーを発揮できるようサポートすることを目的として行っています。毎年夏休みに実施している理科の自由研究もその一環です。

これからの社会で必要とされるクリエイティブな発想力や行動力、課題解決力などを育むために、テーマの設定から結論を導き出すところまで、最後まですべて自分でやり遂げます。

レポートの書き方なども中１の早い時期から徹底指導していますので、卒業生からは大学進学後もレポート

授業・国際教育

中１からネイティブスピーカーの教員とも触れあいながら本物の英語に触れるチームティーチングを行っています。オーストラリア語学研修や海外４カ国の約30校のなかから選ぶことのできるターム留学など充実した国際教育が魅力です。

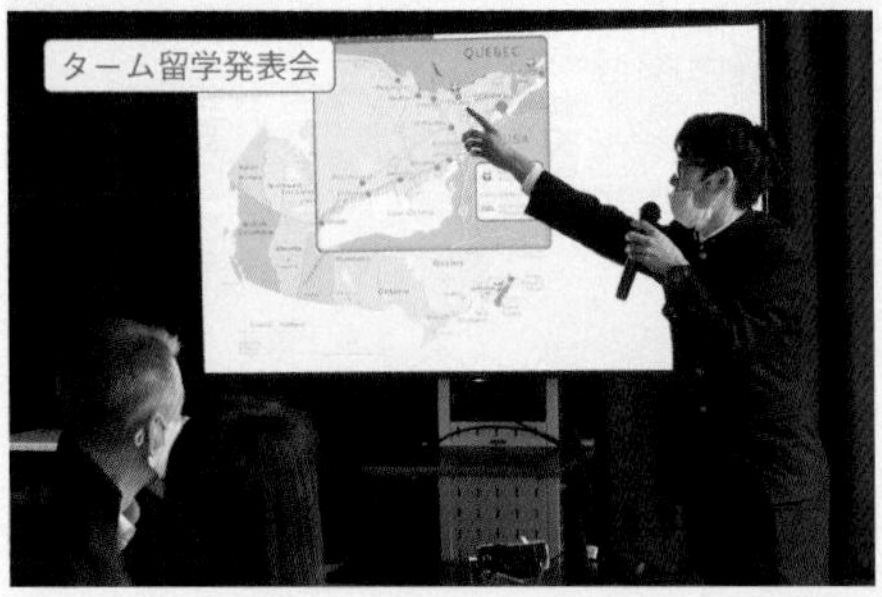
ターム留学発表会

ICTを活用した授業

数学の授業

英語の授業

学校行事・部活動

長野県に所有する大町山荘に2泊3日滞在して行われる「大町オリエンテーション」は、「第2の入学式」とも呼ばれ、中1・高1で入学してすぐに実施します。中3の卒業研究では個性豊かなプレゼンテーションが繰り広げられます。

大町オリエンテーション

文化祭

部活動

体育祭・綱引き

課題で苦労することがないと聞いています。ICT機器を上手に使いながら、自分の意見を主張できる生徒たちがしっかり育っているのを感じています」（小俣校長先生）

中3で行われる卒業研究はICT教育の集大成の場として、生徒が個性豊かなクリエイティビティーを発揮しています。

「人間形成と大学進学」という目標の実現に向けて「本物に触れる・体験して感じる」ことを大切にし、生徒の好奇心や探究心を大いに刺激する教育を実践する城北。今夏には東京23区内最大級の人工芝グラウンドが完成する予定で、さらに充実した学習環境が広がっていきます。

最後に、小俣校長先生から読者のみなさんへのメッセージです。

「城北は勉強だけに励む場所では決してありません。体育や芸術の授業なども多様な学びの機会として大切にしています。

スクールカウンセラーによるカウンセリングのほかに、畳の上でリラックスしながら相談員と話ができる生徒相談室や、家族や友人、担任には話しにくい勉強や友人関係のことなどを相談できる窓口を設けるなど、生活面のサポートも行っていますので、安心して6年間の学校生活を送ることができます。

どんな小さなことにも探究心や好奇心を持てるような生徒に入学してほしいと思っています。1人ひとりの興味関心に応えられる環境が城北にはそろっていますので、きっとあなたの居場所が見つかるはずです」

学校説明会〈要予約〉

9月17日(土)
10月22日(土)
11月19日(土)
12月10日(土)

施設見学ツアー〈要予約〉

9月 3日(土)
10月15日(土)
11月12日(土)
12月24日(土)

入試説明会〈要予約〉

11月23日(水祝)

文化祭〈要予約〉

10月 1日(土)、2日(日)

School Information

所在地：東京都板橋区東新町2-28-1
アクセス：東武東上線「上板橋駅」徒歩10分、地下鉄有楽町線・副都心線「小竹向原駅」徒歩20分
生徒数：男子のみ825名
TEL：03-3956-3157
URL：https://www.johoku.ac.jp/

のぞいてみよう となりの学校

School Data

所在地　東京都新宿区戸山3-20-1
アクセス　地下鉄副都心線「西早稲田駅」徒歩3分、地下鉄東西線「早稲田駅」徒歩10分、JR山手線・西武新宿線「高田馬場駅」徒歩20分
生徒数　女子のみ620名
TEL　03-3203-1901
URL　https://www.gakushuin.ac.jp/girl/

学《がく》習《しゅう》院《いん》女《じょ》子《し》中等科〈女子校〉

1885年の開校から一貫して「いまを生きる女性」のための教育を続ける学習院女子中等科。同校が大切にする「本物に触れる」「過程を大切にする」「表現力を身につける」という3つの教育のポイントについてお話を伺いました。

歴史と伝統を継承しつつ自らの未来を切り拓いていく

実際に見て、触れて、感じて学ぶことで知識を定着させる

都心にありながら、校内には四季折りおりの花々が咲き、木々の息づかいを肌で感じることのできる自然豊かな学習環境が魅力の学習院女子中等科（以下、学習院女子）。「その時代に生きる女性にふさわしい品性と知性を身につけること」を教育目標に掲げ、個性を伸ばす6年一貫教育が行われています。

学習院女子では、体験を通じて「自分で考える力」を重視しています。そして思考力と表現力を養うことをめざし、「本物に触れる」「過程を大切にする」「表現力を身につける」という3つのポイントを大切にしています。まず「本物に触れる」取り組みについて中等科長の増渕哲夫先生に伺いました。

「本校では、中1の早い時期から、各教科で工夫を凝らした『本物に触れる』授業を行っています。例えば国語では、本校のオリジナル教科書を使った古文の授業を中1から始めます。授業では古文の知識を学ぶだけでなく、教科書に出てくる装束を見たり、牛車の模型を実際に見て形や色を確認したりしますので、いつも以上に集中し、生徒たちの理解はより深まっていきます。

また、構内には豊かな自然が広がっていますので、理科の授業では身近な植物の観察や解剖を通して、植物のからだについて学びます。物理、

化学、生物、地学のそれぞれに専門の実験室がありますので、高等科ではさらに本物に触れる機会が増え、自然と学びの本質に気づいていきます。与えられた学びをただこなすだけでなく、興味関心に対して積極的に自分から答えを探しにいくことができるようになります」

最初の成功体験が大切 少人数教育で丁寧に指導

学習院女子が重視するポイントの2つ目が「過程を大切にする」授業です。「とくに数学の授業では、答えを導くまでの過程を非常に大切にしています」と話すのは、数学科の教員でもある長沼容子教頭先生。中1の代数では計算式をきちんと書くことができるように、中2の幾何では、図形の証明が順序立ててできるように注意しながら、それぞれ少人数できめ細かな授業が行われています。

「計算や証明の過程を大切にすることは、数学の学力向上だけが狙いではありません。自分の考えを順序立ててまとめ、みんなの前で発表することはコミュニケーションの練習にもなります」（増渕科長先生）

この考えは中学入試にも表れていて、算数では解答だけでなく、そこにいたるまでの考え方を記入させることにしています。たとえ解答が間違っていても、そこまでの過程が間違っていなければ部分点がもらえる場合もあり、「過程を大切にする」という学校の姿勢がよく表れています。

3つ目の「表現力を身につける」というポイントにおいても、授業でグループディスカッションの機会を多く設けるなど各教科で工夫された授業が展開されています。例えば、中1の国語のなかで行われる「表現」の授業では、自分の思いや考えの伝え方、手紙の書き方など、実用的な文章の基礎から人前でのスピーチの仕方までを学び、グループ内で繰り返しスピーチの練習を重ねることで、発表の際には堂々と自分の意見を述べることができるようになっていきます。

『準備をしっかりすれば恥ずかしがらずに堂々とスピーチできる』『みんなの前でスピーチをすることは決して怖いことではないんだ！』という体験が1度できれば、そのあとは教員が手取り足取り指導しなくても、自分で準備し、自信を持ってスピーチができるようになります。最初の段階が肝心なので、少人数で時間をかけて丁寧に指導をするようにしています。友達同士で与えあう刺激も大きいですね。自然と友達から

実験室での1コマ。思いがけない結果に教室は大盛り上がり。

ツツジを観察している様子。観察材料の多くは構内の身近な植物です。

数学の授業では、答えだけでなく式までみんなで確認します。

イカの解剖や顕微鏡を使った観察も行います。実験・観察したことはノートにまとめて、レポートを作成します。

いいところを学び、自分の成長の糧にしています」（長沼教頭先生）

英語は中1から高3まですべて少人数授業です。中等科の3年間で身につけた基礎をもとに、中3で挑戦するのがスピーチコンテストです。身振り手振りを交えながら、様々な科目の授業で身につけた表現力を使って、自分の意見をしっかりと英語で伝えます。また、音楽の授業でも校内発表の機会を多く設けるなど、相手を楽しませる工夫をしながら自分たちも楽しんで、日常のなかで豊かな表現力を養っています。

また、新たな表現の場として誕生したのが「展示スペース」です。授業の制作物を展示するほか、全校生徒が自由に個人の絵や写真などの作品をまるで個展のように披露できる場所としても活用されています。先日は「消しゴムハンコ展」を開いた生徒もいて、様々な発表や作品を見守る教員たちは、生徒たちの意思やアイディアを尊重し、できる限り表現の仕方を限定したり、否定したりしないようにしています。

本物志向で表現力を養う 芸術性豊かな選択授業

中等科の課程で知った学ぶ楽しさを、高等科ではさらに深め発展させるカリキュラムが用意されています。高2で文系・理系に分かれると選択授業が増え、自らの進路や興味関心に合わせて授業を選べるようになります。例えば、高1から3年間履修できる第2外国語（フランス語・ドイツ語）は週に4時間あり、どちらも専門の教員が指導にあたります。さらに芸術の授業は、音楽が声楽・器楽、美術が日本画・西洋画・工芸、そして書道からの選択となり、それぞれの専門教室で、各分野の専門家から指導を受けることができます。どの選択授業も少人数で、和気あいあいとした雰囲気のなか、高等科とは思えない本格的な指導が行われていて、それぞれ授業の成果や作品発表の機会も設けられています。

「西洋画の授業では、高1でデッサンの基礎から始め、徐々に発展させていき、高3になると自由に好きなものを描くことになります。1つひとつの過程を大切にすることで、最終的に自由な枠組みのなかで、個々の感性を表現する力を身につけることが狙いです」（長沼教頭先生）

このように学習院女子が大切にする「本物に触れる」「過程を大切にする」「表現力を身につける」という教育の本質は、すべての学びの場面で大事にされています。

第2外国語の授業では、その国の言語だけでなく食文化にも親しみます。

㊧英語のスピーチコンテストのほか、㊤NHK『基礎英語』のテキストをもとに寸劇をするスキットコンテストも行います。

工芸の授業では、教室に設けられた陶芸用電気窯や各種木工機械を使います。

西洋画の授業の様子。画用木炭や油絵の具などを使って、本格的に取り組みます。

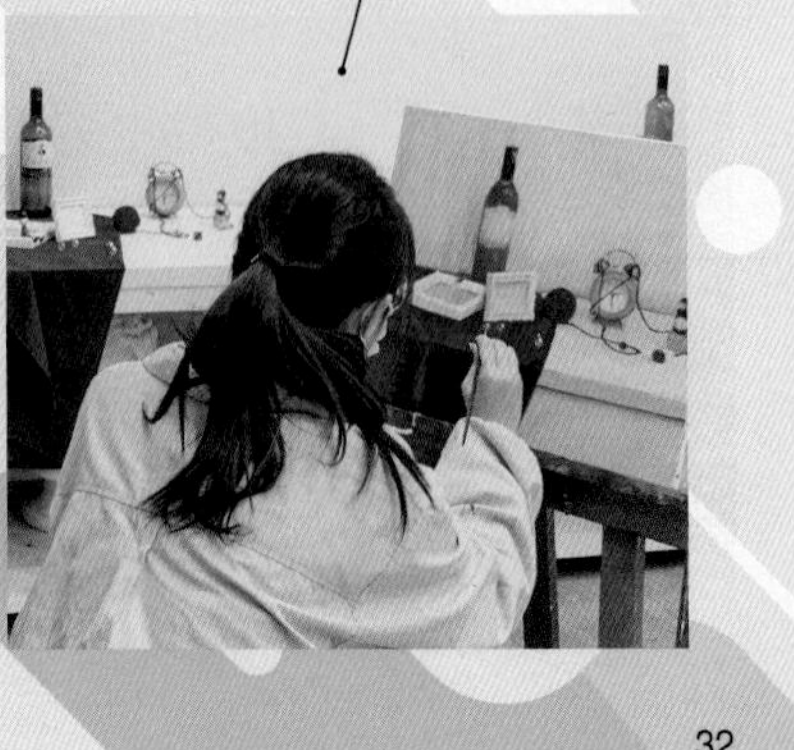

2017年度から使用が始まった総合体育館1階にある温水プール。2階はアリーナになっています。

落ち着いた雰囲気の図書館は生徒たちに人気の場所です。

オープンスクール　要予約

10月 8日(土)　14:00～

八重桜祭（文化祭）　要予約

10月29日(土)　10月30日(日)

学校説明会　要予約

11月19日(土)　14:00～

※詳細は学校HPでご確認ください。

㊤豊かな自然に囲まれたグラウンドと㊧テニスコート。

写真提供：学習院女子中等科（過年度のものを含みます）

憧れの上級生の姿が心の成長の糧になる

学習院女子の教育を支えているのが、豊かな緑に囲まれたキャンパス内に広がる学習施設です。13万冊以上の蔵書を誇る図書館やホームルームのある本館と結ばれた総合体育館、6面あるテニスコートに200mトラックと観覧席が取れる広々としたグラウンドなど充実した学習施設が整っています。総合体育館の1階には1年中使える温水プールがあり、中1から高3まで週に1度、水泳の授業が行われています。

「最初は泳げない生徒もいますが、中1から丁寧に指導しますので心配はいりません。学習院女子というとおしとやかで物静かな女子のイメージを持たれる方も多いのですが、『6年間でほとんどの生徒が個人メドレーを泳げるようになります』とお話しすると、いつも驚かれます。本校は伝統的におおらかで闊達な校風です。教員と生徒・保護者との距離が大変近く、なんでも話せる家族のような温かさがあり、勉強だけでなく、部活動や学校行事などにも積極的に取り組む生徒も多くいます。いまを生きる女性にふさわしい人間性や必要とされるたくましさを身につけ、真の豊かさとはなにかを学べる学校だと思っています」（増渕科長先生）

部活動や委員会活動も盛んで、学年の垣根を越えた交流が日常的に行われているのも学習院女子の大きな魅力でしょう。憧れの上級生の姿から刺激を受け、向上心を強くすることもこの学校で代々受け継がれるよき伝統です。各委員会が中心となり開催される運動会や八重桜祭と呼ばれる文化祭などの行事、運動部、文化部、同好会合わせて34ある部活動を通して、コミュニケーション力や創造力、人を思いやる心や礼儀作法などを身につけ、一歩一歩大人の女性へと成長していきます。

「中等科の学校説明会などでは、初等科から進学する生徒との関係を心配される声も聞きますが、入学者の3分の2が中等科からの入学生です。クラスや部活動、委員会などで仲よくなり、すぐに打ち解けてしまいます。1学年200名いますから、個性も人それぞれです。しかし、それを隠すことなく、安心して発揮することができるのが本学のよさだと思っています」と増渕科長先生が話すように、学習院女子にはお互いを認めあう心を持ちながら、知識の習得だけに偏らず「自分らしさ」を育てる抜群の環境が整っています。

横浜市立南《みなみ》高等学校附属中学校〈共学校〉

「高い学力」と「豊かな人間性」をバランスよく育てる

今年度、開校から11年目を迎えた横浜市立南高等学校附属中学校。
独自に作り上げた特色あるプログラムで、
自ら考え、自ら行動できる自主自立の精神を養っています。

中高合同の教育理念は知性・自主自立・創造

遠藤《えんどう》 広樹《ひろき》 校長先生

本校は自らを成長させるチャンスがたくさんある学校です。そのチャンスを主体的につかみ、活かしてほしいと思います。

横浜市立南高等学校の附属中学校として２０１２年に開校した、横浜市立南高等学校附属中学校（以下、横浜市立南高附属）。「知性・自主自立・創造」を教育理念として掲げる公立中高一貫校です。市立南高附属の教育について、遠藤広樹校長先生にお話を伺いました。まずは、教育理念と生徒さんの印象についてお聞きしました。

「教育理念は中高合同です。勉強だけではなく、中高の成長過程のなかで様々な学びを深めることが、あくなき探究心へとつながっていきます。その際、生徒に求めるのは、『自ら考え、自ら行動する』姿勢です。それは、今後の『未来を切り拓く力』の育成へと結びつきます。

本校では、学校生活の様々な場面で、綿密に計画された教育課程に基づき、自主自立をキーワードに、6年間をかけて『高い学力』と『豊かな人間性』をバランスよく育成していきます。開校から11年目を迎え、本校の取り組みは周知されてきたのではないかと思っています。

生徒の印象ですが、明るく素直な生徒が多いですね。入学したらこんなことに取り組みたい、挑戦したいという明確な目的を持っている生徒が多くいる印象です。そういう意識の高い生徒をさらに成長させていかなければならないため、大きな責任を感じています。生徒には、高い学力をつけるためにも、まずは学習習慣をしっかり確立すること、そして学校行事や部活動などの場面で仲間と力を合わせて協働して学ぶ姿勢を大切にしてほしいと、よく話をしています」（遠藤校長先生）

EGGからTRY&ACT 将来の目標を見つける

市立南高附属独自の教育プログラムに「ＥＧＧ」があります。総合的な学習の時間での取り組みを名付けたもので、「Explore…さがす（学びの追究、課題さがし）」、「Grasp…つかむ（自己の可能性の発見、他者との学びによる確かな理解）」、「Grow…のびる（継続的な人間性の成長）」の頭文字からきています。中学校の3年間を卵が孵化《ふか》するまでの過程に見立て、身につけた力を高校で発揮し、卒業後に大空に羽ばたいてほしいという学校の思いが込められています。「ＥＧＧ」には、「ＥＧＧ体験」「ＥＧＧゼミ」「ＥＧＧ講座」という3つのプログラムが用意されています。

「ＥＧＧ体験」は、人間関係作りやコミュニケーション能力の育成を目的としたもので、プロジェクトあしからアドベンチャー21、構成的グループエンカウンター研修、コミュニケーション研修といったプログラムがあります。イングリッシュキャンプやカナダ研修旅行などの国際交流活動も「ＥＧＧ体験」の一環として実施されています。

「ＥＧＧゼミ」では、「課題発見・解決能力」「論理的思考力」を育成する多様な言語活動（調査、研究、発表活動）を行います。中3での卒業研究に向け、中1から探究活動の基礎を学びます。

「ＥＧＧ講座」は、幅広い教養と社会性を身につけ、将来の進路への興味・関心を引き出すための多様な講座です。独自の講座を多数開講しています。

「この『ＥＧＧ』は開校時から実施しているオリジナルプログラムで、『世界を幸せにする第一歩』を大テーマとし、月曜日から金曜日に週1時間、土曜日は月1回実施しています。生徒へは、このような活動を主体的に行うなかで、『自分たちが生きていく社会の課題を解決または改善するにはどういった取り組みができるだろうか』という視点で考えるように指導しています」（遠藤校長先生）

総合的な学習の時間は、高校では「ＴＲＹ＆ＡＣＴ」として、探究活動に力を入れて行っています。高校ではかなり早い段階から課題探究型の学習に取り組んでいますが、市立南高附属の1期生が高校1年に上がる２０１５年に、スーパーグローバルハイスクール（ＳＧＨ）の指定を受けたのを機に、高校での探究活動はさらに活発化しました。現在は、ＳＤＧｓを前面に出した探究活動を行っています。

「探究の成果を大学入試に活用す

PHOTO　1 イングリッシュキャンプ　2 グループ学習の様子　3 食堂　4 南高ホール　5 体育祭

る生徒もいれば、これまでの探究で自分の志望が明確になり、将来の進路を決めた生徒もいますので、この『EGG』から『TRY&ACT』の探究活動がキャリア教育の柱になっていることは間違いありません。

進路指導においても『妥協をしない進路選択』をキーワードに、1人ひとりが目標を高く持ち、仲間といっしょに粘り強く第1志望に向かって頑張ろう、という指導を徹底しています」（遠藤校長先生）

英語の授業では「ラウンド制」を実施

市立南高附属では、開校当初から主体的・対話的で深い学びをめざして、「問い」を大事にしたアクティブラーニング型の授業を展開しています。教員からの一方的な授業ではなく、「問い」について自分やグループで調べて書いて、意見を述べることで、人の話を聞く力、自分の考えをまとめ再構築する力、さらに発表する力などが身についていきます。

また、どの教科でも横断的にアクティブラーニング型の授業が展開できるように、生徒のペアや席の配置などをすべて事前に決め、効率的に授業が行えるように工夫をしています。小学校でも盛んに話しあい活動が行われていますので、中学1年生からアクティブラーニング型の授業に積極的に取り組んでいます。

英語学習で「ラウンド制」を取り入れているのも市立南高附属の特徴です。「ラウンド制」とは、1年間で教科書を繰り返し扱う学習方法です。ただし、同じことを繰り返すのではなく、取り組み方を変えながら教科書の最初から最後まで一気に進めます。

例えば教科書に8のユニットがある場合、最初の「ラウンド1」では、1から8のすべてのユニットについて、まずはイラストを見ながら何度も英文を聞いてインプットしていきます。そして「ラウンド2」では、またユニット1に戻り、今度は音と文字の一致を目的として、ユニット8まで進みます。そして「ラウンド3」で音読、「ラウンド4」、「ラウンド5」で書く、話す活動を重点的に行います。これにより4技能が自然と身につき、最終的には自分の言葉で自己表現ができる生徒の育成をめざしています。

「この『ラウンド制』による英語力の安定感は大学受験でかなりのアドバンテージになっているのも事実ですが、大学に入ってからもとても役に立っているようです。現在、2

期生から5期生までが大学で学んでいるのですが、その生徒たちが、『ラウンド制』で身につけた英語力が大学での研究にとても役に立っていると話してくれています。こうした特色ある取り組みができることが中高一貫教育の強みだと思います」（遠藤校長先生）

最後に、市立南高附属を志望する方へのメッセージをお聞きしました。

「本校は自らを成長させるチャンスがたくさんある学校です。そのチャンスを主体的につかみ、活かしてほしいと思います。そして『高い学力』と『豊かな人間性』をバランスよく身につけてください。昨年、本校で教育実習を行った1期生が、今春、社会人となり、本校に教員として戻ってきてくれました。本校の教育を次の世代に伝えてくれることは、とても嬉しいことです。

本校に入学すること、そして卒業後の進路実現を図ることも1つの目標だと思いますが、本校で学ぶ目的をしっかりと持って入学してきてほしいですね。みなさんの将来の目標をしっかりと見据えて、学び続ける生徒を育てていきます」（遠藤校長先生）

4

5

写真提供：横浜市立南高等学校附属中学校（過年度のものを含みます）

入試情報

2023年度入学生募集

募集区分

一般枠

募集定員

160名

入学願書受付

2023年1月5日(木)～10日(火)

検査実施日

2023年2月3日(金)

検査内容

適性検査Ⅰ・Ⅱ、調査書

適性検査の傾向（2022年度）

適性検査Ⅰは横浜市立横浜サイエンスフロンティアとの共通問題です。会話文で展開される内容について、図・表・地図やデータの情報を読み解き、分析して表現する力が試されました。適性検査Ⅱは、算数の問題と自然科学的な問題の融合で、分析し考察する力や、解決に向けて思考・判断し的確に表現する力が試されました。

School Information

横浜市立南高等学校附属中学校

所在地：神奈川県横浜市港南区東永谷2-1-1
アクセス：横浜市営地下鉄ブルーライン「上永谷駅」徒歩15分、京急線・横浜市営地下鉄ブルーライン「上大岡駅」・横浜市営地下鉄ブルーライン「港南中央駅」バス
生徒数：男子231名、女子249名
ＴＥＬ：045-822-9300
ＵＲＬ：https://www.edu.city.yokohama.lg.jp/school/jhs/hs-minami/

全員集合
部活に注目!

活動風景

黒点観測は、望遠鏡に取りつけた投影板（下）に太陽光を映す「投影法」で行います。観測データを集約すると、太陽の活動周期がわかるそうです。

地学室での活動の様子。パソコンなどを利用して、各自の研究に打ち込みます。なかにはラジオで天気の情報を聞き、天気図を作成する部員もいるそう！

今回紹介してくれたのは

中学2年 青山《あおやま》 暁信《あきのぶ》さん

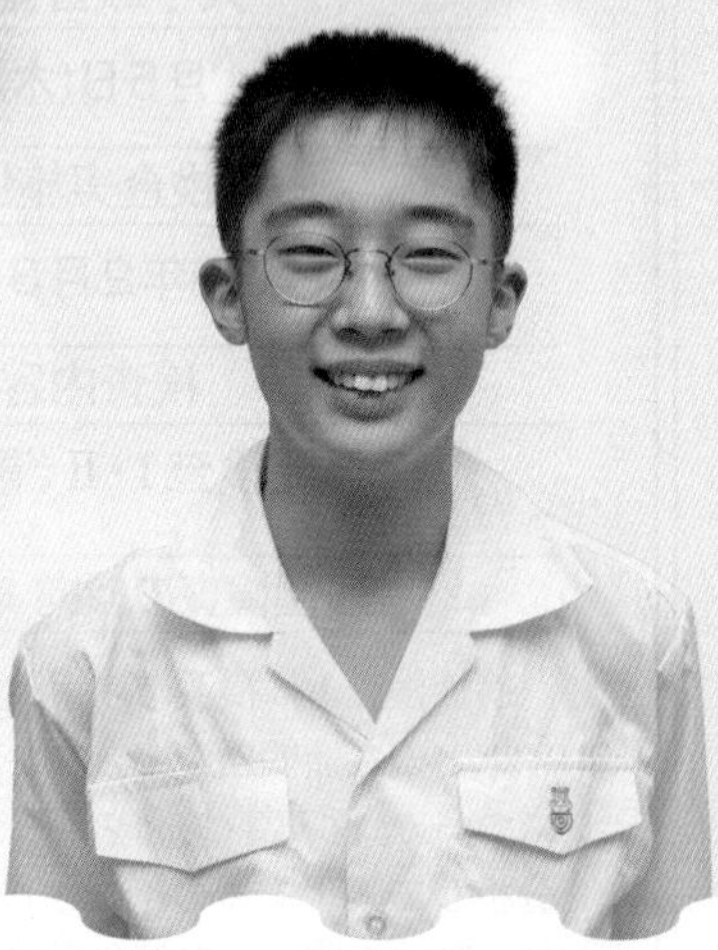

巣《す》鴨《がも》中学校〈男子校〉
地学班

巣鴨中学校の地学班は、興味に沿って地学に関する活動を自由に行うことができるのが特徴です。部で取り組んだ研究成果は、文化祭や学外発表の場で披露されます。

自分で設定したテーマについて 各自が研究に打ち込む

Q普段、地学班ではどんな活動を行っていますか?

青山さん「火曜日の昼休みに全部員で太陽の黒点を観測し、火曜日と水曜日の放課後に地学室で各々の研究に打ち込んだり、その結果をレポートにまとめたりしています。なお、活動は高校生と合同です。

黒点観測は部で20年以上行い、データを取り続けています。各自の研究テーマは、好きなことや興味のあることを自分で設定します。取り組んだ成果は、文化祭のほか、『東京私立中高協会主催　生徒理科研究発表会』『日本天文学会ジュニアセッション』などの学外の場でも発表できます」

Q青山さんの研究について教えてください。

青山さん「一番初めに取り組んだのは、エルニーニョ現象とラニーニャ現象です。中1の2学期にインターネットなどで、この2つの現象について調べました。その後、わかったことをレポートにまとめ、中1の文化祭でオンライ

星の観測

昨年度はコロナ禍の影響で合宿ができなかったため、学校の校庭で星の観測を実施しました。

文化祭

伊豆大島について研究した部員。例年、文化祭では地学室で部員それぞれが取り組んだ研究について説明しています。(昨年はオンライン発表も実施)

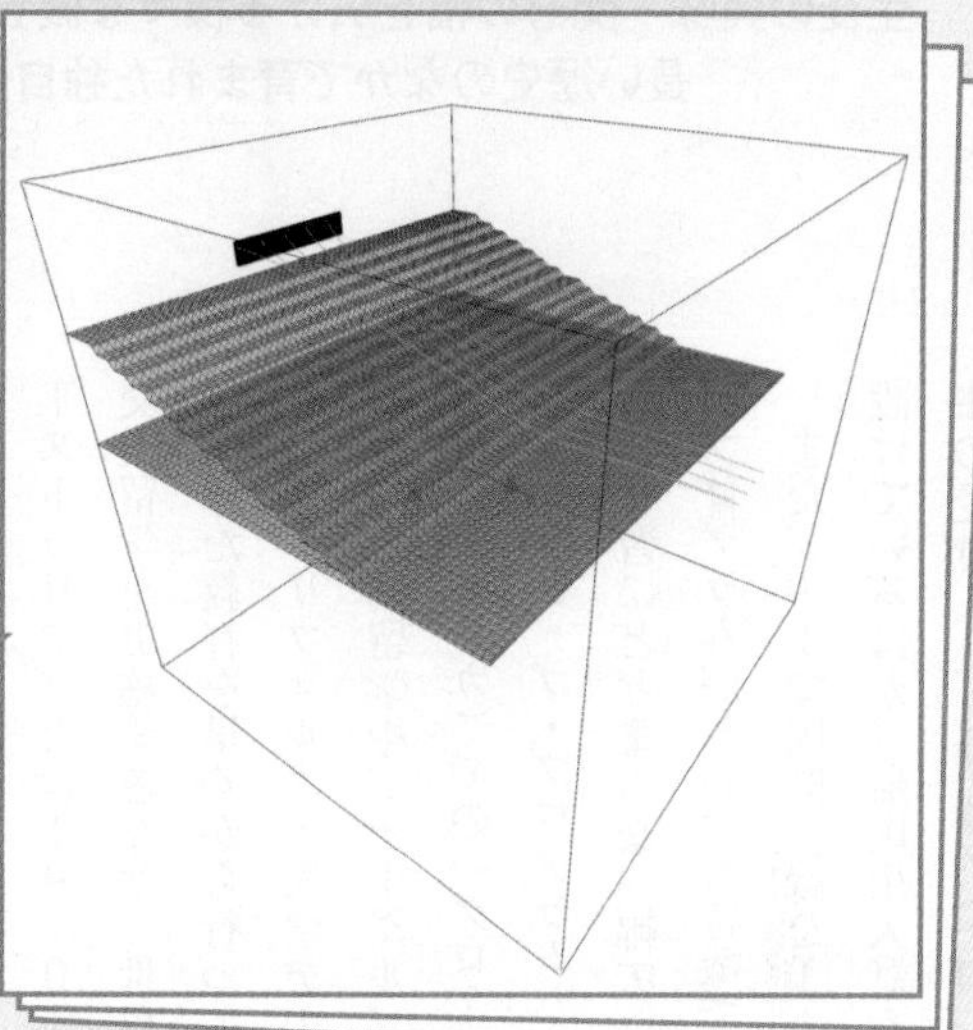

研究

青山さんが取り組んでいる火山泥流のシミュレーション。坂の角度や障害物の有無といった条件を変えて様々なパターンで掘り下げます。

写真提供：巣鴨中学校　※写真は過年度のものを含みます

巣鴨中学校

所在地：東京都豊島区上池袋1-21-1
アクセス：都電荒川線「巣鴨新田」徒歩8分、JR山手線「大塚駅」・東武東上線「北池袋駅」徒歩10分、JR山手線ほか「池袋駅」徒歩15分
電　話：03-3918-5311
U R L：https://sugamo.ed.jp/

ン発表し、また、部室に来てくれた人には直接説明しました。そのときが初めての発表でしたが、ぼくの説明を聞いた人が色々な反応をしてくれたのが嬉しかったです。

いまは火山泥流という現象について調べています。まずは、インターネットで見つけた論文を読んで知識を深めました。そして、論文に書いてあった火山泥流の広がり方について、坂の角度など、条件の違いによる変化が本当に起こることを確かめるために、無料のシミュレーションソフトを利用して研究しています」

Q入部したきっかけはなんですか?

青山さん「もともと、地学に興味があったので入部しました。しかし、地学について研究するようになったのは入部してからです。レポートの書き方を先輩たちに教わり、歴代の先輩たちの研究を参考に自分で研究手法を考えながらやり方を覚えていきました。まだまだ、地学についての知識が足りないと感じることも多くありますが、普段からインターネットで科学分野のニュースサイトを閲覧し、地学に関連することを調べて知見を広げています」

Q合宿などはありますか?

青山さん「はい、今年は福井県に行く予定で、東尋坊と県立の恐竜博物館を訪れます。合宿は例年、部員みんなで相談して行き先を決めます」

Q部の活動を通して、成長したと感じることがありますか?

青山さん「まず、レポートの書き方が身についたことです。とくに高校の先輩はレポートを書くスピードが速いうえに、内容も高度なので驚きます。普段の授業では、中2から始まった技術の授業で書くレポートでも活かせていると感じます。地学の知識が養えるのはもちろんですが、ほかの科学の分野にもつながっている点が多いので、色々なことにも興味がわいてきました」

Q今後、どんなことに挑戦していきたいですか?

青山さん「火山泥流の研究について、2月に学外発表を行ったときは、シミュレーションのパターンが少なかったので、もっと試行回数を増やしたいです。また、天文や宇宙などにも興味があるので、いずれはそういった分野の研究にも挑戦したいと考えています」

Q読者へメッセージをお願いします。

青山さん「地学班では中高関係なく、部員それぞれが目標に向かって頑張っています。わからないことがあれば、優しい先輩たちが教えてくれる点も魅力です。少しでも興味があればぜひ入部してください。活動場所である地学室も、色々な資料や標本などがあり、博物館のようでおもしろいですよ」

成蹊《せいけい》中学校（共学校）

充実した学習環境で育てる「0《ゼロ》 to《トゥ》 1《ワン》」の発想を持つ人材

生徒の興味・関心の幅を広げる様々な機会を用意し、多角的な成長をサポートしている成蹊中学校。長い歴史のなかで育まれた独自の教育と、多様性のある環境が魅力の学校です。

伸びのびと成長できる国際性豊かな学校生活

１９１４年の創立から長きにわたって、創立者が掲げた建学の精神「個性の尊重」「品性の陶冶《とうや》」「勤労の実践」に沿った教育を展開してきた成蹊中学校（以下、成蹊）。解答のない社会であっても、新たなものを創造する「０ to １」の発想を持った人材を育てるべく、様々な取り組みを行う学校です。そんな成蹊で用意されている多様なプログラムについて、いくつかご紹介していきます。

まずは、歴史ある国際理解教育です。セント・ポールズ校（アメリカ）とは１９４９年から、カウラ高校（オーストラリア）とは１９７０年から交換留学を実施するなど、世界に目を向けた教育を早くから行ってきました。カリフォルニア大学デービス校への短期留学や、イーグルブルック校（アメリカ）での「グローバル・リーダーシップ・プログラム」など、語学学習にとどまらない幅広い内容のプログラムが多いのも特徴です。

また、中1で国際学級を1クラス設けているほか、帰国生入試や留学生の受け入れも積極的に行っており、校内は国際性豊かな環境となっています。これについて仙田直人校長先生は「本校では色々なルーツを持った生徒がともに学ぶのが当たり前になっているので、生徒たちはお互いにいい影響を受けながら学校生活を送っています。併設の小学校から進学する生徒もおり、多様性のある環境です」と話されます。

SDGsに関するテーマで探究学習にチャレンジ

中高の6年間を通して行う「本物に触れる」学びも魅力の1つです。授業内では実験や観察、鑑賞といった体験学習が重視されており、例えば家庭科では敷地内の竹林で収穫したタケノコを使用して調理実習をするなど、経験を通した学びが充実しています。

加えて、中3では「桃李《とうり》」という道徳の授業内で探究学習にも取り組みます。２０２１年度は「２０３０年へのお便り」と題し、２０３０年に向けて、SDGsの観点から自分がなにをすべきか、各自がテーマを立てて探究しました。その内容はフェアトレードや教育格差の問題など、多岐にわたったものとなっています。

「これは本校がユネスコスクール※に認定されているため、その活動の一環でもあります。ファシリテーターを外部から招き、1年間かけて進めていく本格的な取り組みです」（仙田校長先生）

探究学習の成果は10月の蹊祭《こみちさい》（文化祭）でプレゼンテーションし、年度末にはポスターセッションを実施します。ポスターは1つの冊子にま

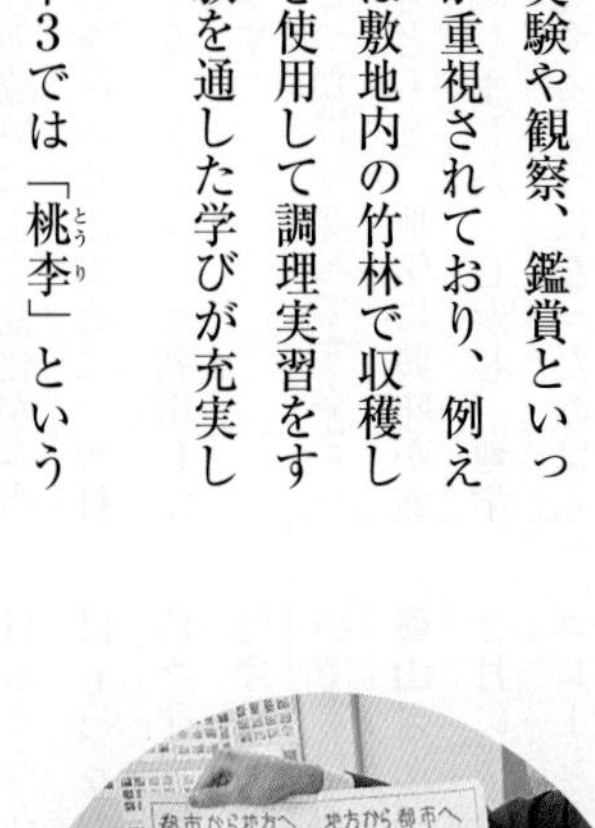

中3「桃李」で実施した探究学習のポスターセッション

1 英語でディスカッションやプレゼンを行う「エンパワーメントプログラム」（中３） 2 自然観察やハイキングで自然に親しむ「夏の学校」（中１、中２）
3 留学生が中学校で授業をすることも 4 成蹊大学と連携したゼミ体験（中３）

とめたりするほか、有志の生徒が成蹊小学校で児童に向けて発表を行ったりと、アウトプットの機会も豊富です。このような活動から「0 to 1」の発想が作り出されるのです。

生徒の視野を広げる独自のプログラム

成蹊の「本物に触れる」学びは授業だけにとどまりません。修学旅行では例年4泊5日と十分な時間を確保し、各教科で事前に学習した内容を実際に体験していきます。また、ワンキャンパスのメリットを活用した成蹊大学との連携教育も大きな特徴です。中3の10月下旬から11月下旬にかけ大学を訪れて行う「中学3年生×大学ゼミ体験」があります。2021年度を例に、開講されたテーマをみてみると、「純愛の創出～『ロミオとジュリエット』を読む～」「中国の歴史から『法』を考える」など専門的なものばかりです。

6年間を通して様々な経験ができる成蹊。多数の実験室や気象観測所を備えた理科館、芸術・家庭科のための施設がそろう特別教室棟など、体験型の学びを支える施設も充実。近年では、全教室へのプロジェクター設置や1人1台のICT端末など、ますます学びの幅が広がっています。

最後に、仙田校長先生に受験生へのメッセージを伺うと、「まずは本校に足を運んで、実際に学校や生徒の様子を見ていただけると嬉しいです。併設の小学校から進学してくる生徒たちとなじめるか不安に思う方もいるかもしれませんが、心配は要りません。色々な経験をしてきた生徒が集まり、自分の視野を広げられる学校生活が待っています。そのような世界に飛び込んで、自分自身を成長させていきたいという方にはぴったりの学校です」と話されました。

説明会日程 要予約

9月24日（土） 生徒広報委員会によるオンラインイベント「桃Connect!2」
10月 8 日（土） 学校説明会・校内見学・クラブ見学
10月11日（火） 校内見学
14日（金） 校内見学
15日（土） 校内見学
10月15日（土） 入試対策講座Ⅰ
11月 5 日（土） 学校説明会・校内見学
11月12日（土） 入試対策講座Ⅱ
11月21日（月）～25日（金） 校内見学

学校情報

住所：東京都武蔵野市吉祥寺北町3-10-13
アクセス：JR中央線ほか「吉祥寺駅」徒歩20分またはバス、西武新宿線「武蔵関駅」徒歩20分、JR中央線ほか「三鷹駅」・西武新宿線「西武柳沢駅」バス
電話：0422-37-3818
URL：https://www.seikei.ac.jp/jsh/

※ユネスコの理念を実現するため、平和や国際的な連携を実践する学校。世界 180 カ国以上の国・地域で認定されている

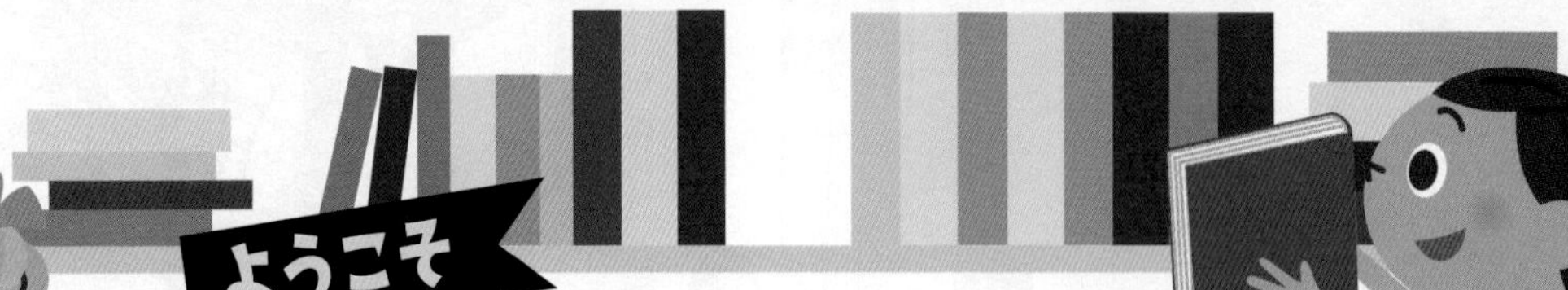

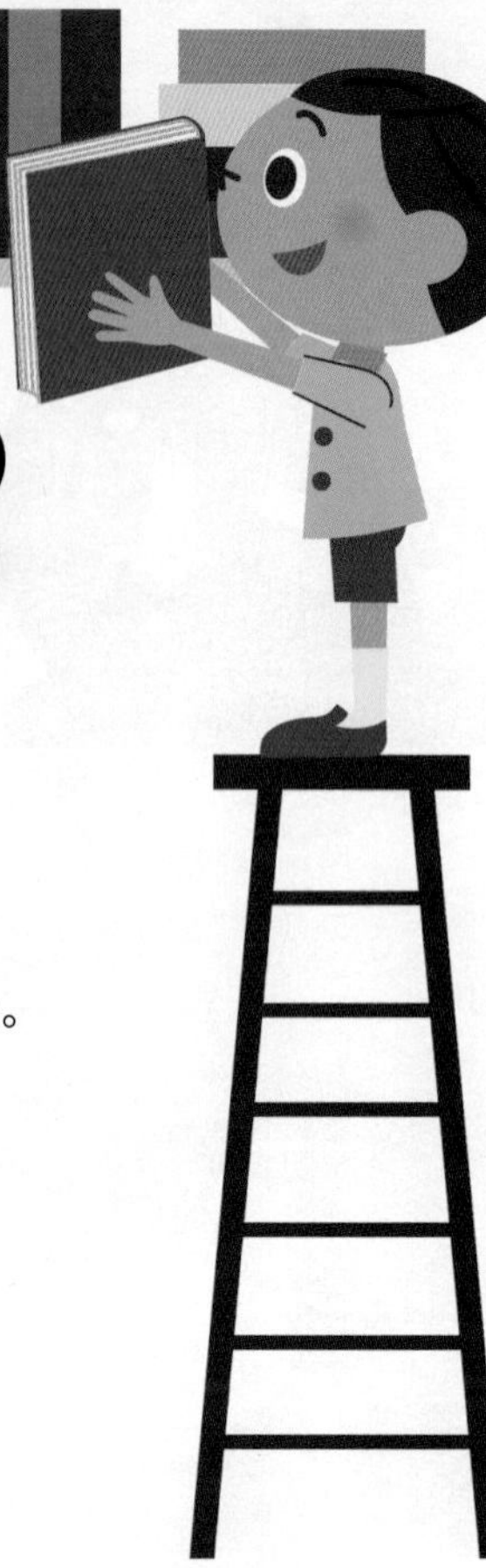

ようこそ サクセス12 図書館へ

小学生のみなさんにおすすめの本を紹介するコーナー。
本が好きな子も苦手な子も楽しんで読める本を探してきました。
自分に合った本を見つけて読んでみてください。

「そして、バトンは渡された」

●著：瀬尾まいこ
●814円（税込）
●文春文庫

大人の都合に振り回され、血のつながらない親の間をリレーのようにめぐりながらも、出逢う家族皆にたくさんの愛情を注がれてきた優子。高校生の今は20歳しか離れていない“父”と暮らしている。周囲は心配するけれど、優子はいつも“幸せ”なのだ。「バトン」のようにさまざまな両親の元を渡り歩いた優子が、やがて結婚を迎えるとき──。大絶賛の2019年本屋大賞受賞作。

私には五人の父と母がいる。
その全員を大好きだ。

どうしてあなたは
滅《ほろ》びたの？

「わけあって絶滅しました。世界一おもしろい絶滅したいきもの図鑑」

●監修：今泉忠明
　著：丸山貴史
　絵：サトウマサノリ
　絵：ウエタケヨーコ
　絵：海道建太
　絵：なすみそいため
●1,100円（税込）
●ダイヤモンド社

地球が誕生してから、生き物の99.9パーセントが絶滅してきました。でも、いったいどうしてそんなに滅びてしまったのでしょうか？　生き物たちに、自ら絶滅理由を語ってもらいましょう。アゴが重すぎたプラティベロドン、笑いすぎて絶滅したワライフクロウ……。楽しみながらためになる！　子どもも大人も夢中になる、今いちばん楽しい“絶滅”の本。

ほんわかあたたかい、
自然の詩《うた》がきこえる

「日本語を味わう名詩入門［第3期］⑱ 工藤直子」

●編：萩原昌好
　絵：おーなり由子
●1,650円（税込）
●あすなろ書房

もしあなたが動物や植物だったら、どんなことを思うだろう？　麦やみみずなど、さまざまなものの視点で、読み手に語りかけるユニークな作風で知られる詩人、工藤直子。小学校の教科書でもおなじみです。そのユーモアの奥に光る真理を、やさしく解きあかします。すぐれた詩人の名詩を味わい、理解を深めるための名詩入門シリーズ。

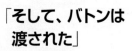

風船でカメラを上空に上げ、
撮影した「宇宙の写真」を
お見せします。

「風船で宇宙を見たい！ やってみることから開ける無限の未来」

●作：岩谷圭介
●1,540円（税込）
●くもん出版

ひもがほどけ、強い風に流されて空のかなたに消えた２号機。予測がはずれ、風にどんどん流されて海に落ちた４号機。落下地点が、予測と50kmも誤差があった５号機……。レンズがくもって写真がぼやけ、撮影は失敗つづき。やっと撮影に成功した11号機も、きれいな写真は１万数千枚中のたった１枚。たくさんの失敗を乗りこえながら、風船を使った宇宙開発が続きます。

りゅうの
子どもを助《たす》けに、
いざ、冒険《ぼうけん》の旅《たび》へ

低学年の方に
おすすめ

「エルマーのぼうけん」

●作：ルース・スタイルス・ガネット
　訳：わたなべ しげお
　絵：ルース・クリスマン・ガネット
●1,320円（税込）
●福音館書店

年取《としと》ったのらねこからどうぶつ島に囚《とら》われているりゅうの子どもの話《はなし》を聞《き》いたエルマーは、りゅうの子どもを助ける冒険の旅に出発《しゅっぱつ》します。どうぶつ島ではライオン、トラ、サイなど恐《おそ》ろしい動物《どうぶつ》たちが待《ま》ちうけていました。エルマーは、知《ち》恵《え》と勇気《ゆうき》で出発前《しゅっぱつまえ》にリュックにつめた輪《わ》ゴムやチューインガム、歯《は》ブラシをつかって、次々《つぎつぎ》と動物たちをやりこめていきます。エルマーはりゅうの子どもを助け出《だ》すことができるのでしょうか？

馬と自然と仲間たちの
すがすがしい物語

今日は
何が起きた日？

「日本の歴史 366」

●監：小和田哲男
　絵：TOA
●1,980円（税込）
●主婦の友社

「むかしの今日」に起こったことを、日づけごとに1日1ページ、366日分を紹介する歴史の本です。１コママンガ・クイズ・間違い探しなど、お楽しみ要素がたっぷり。小学生のうちに知っておきたい日本の歴史が楽しく学べるから、歴史が「身近になる！」「好きになる！」。イラストを眺めているだけでも歴史の基本が身につきます。

「馬と明日へ」

●作：杉本りえ
　絵：結布
●1,650円（税込）
●ポプラ社

悠斗《はると》は地域の乗馬クラブ「しいの木ファーム」に通う小学６年生。愛馬マリモに乗り、70センチのバーをとぶ！　めっちゃ気持ち……よかったけれど、落馬。落ちてこわい思いをしても、気持ちいい！　エントリー予定の競技会もマリモに乗って出場するつもりだった。しかし、マリモが「休養」のため別の馬に乗ることに。そして、ファームに通う仲間との間にもさまざまなできごとが……。

2022年より海外研修を再開！
〜「グローバルセンター」〜
富士見中学校［女子校］

建学の精神「純真・勤勉・着実」を大切にし、「社会に貢献できる自立した女性の育成」に取り組む富士見中学校高等学校（以下、富士見）。開設2年目を迎えた「グローバルセンター」の活動についてご紹介します。

今夏より高1対象の海外語学研修を再開！

生徒1人ひとりが多様性を理解尊重し、地球規模の視野で物事を考え、行動してほしいという想いから、昨年度、開設された「グローバルセンター」。コロナ禍においてもその想いは変わることなく、生徒が少しでもグローバルを感じることができるようにと、昨年は中1から高2の希望者を対象に、アメリカ・オレゴン州

校舎

フィリピン・セブ島をオンラインでつないだ海外研修が実施されました。その後も２０２２年度からの海外研修の再開を見据えた情報収集を進めつつ、生徒・保護者対象の留学セミナーなども開催し、今年2年目を迎えた「グローバルセンター」は、精力的に活動を続けています。

「今年の1月、高1を対象にアメリカ、オーストラリアの夏期海外語学研修（2週間）とニュージーランド・3か月ターム留学の説明会を実施しました。4月下旬に正式に催行を決定することができ、最終的にアメリカは29名、オーストラリアは24名が参加することになりました。ニュージーランド・3か月ターム留学は、毎年募集が6名なのですが、今年度から別日程でオーストラリアの3か月ターム留学（6名参加）も新たに実施することにしました。

この海外研修の再開には、生徒の強い要望があったのはもちろんですが、保護者の方々の深いご理解とご協力をいただき、大変感謝しています」とグローバルセンター長の伊藤恭子先生は話されます。

アメリカ語学研修は7月25日から8月8日、オーストラリア語学研修は7月23日から8月7日、ニュージーランド・ターム留学は7月から9月、そして新たに追加されたオーストラリア・ターム留学は、２０２３年1月から3月に実施されます。本誌がお手元に届くころには、研修先で充実した期間を過ごした生徒たちが無事に帰国し、それぞれの夢に向かって歩み始めていることでしょう。

オーストラリア語学研修

新プログラムの国内グローバル研修も実施！

昨年、生徒の好評を得た海外オンライン研修は、今年も実施されます。フィリピン・セブ島とのオンライン研修（36名参加）には23名の中1が参加予定で、高校で実施される海外研修やターム留学への参加を見据えた活動がすでに始まっているようで

す。

また、今夏には校内でのグローバル研修として「エンパワーメントプログラム」（3日間）と「アントレプレナーシップ研修」（3日間）が新たに実施されます。

「エンパワーメントプログラム」には中3から高2の39名が参加します。日本に留学中の大学生・大学院生と与えられた題材について英語でのディスカッションを何度も繰り返し行うプログラムで、異なる価値観や異文化理解を深め、グローバルな感覚を培っていきます。

「アントレプレナーシップ研修」は、2019年に富士見が実施した「ベトナム研修」と同じようなプログラムを国内で行うもので、グループで校外に出て課題を見つけ、個々のアイデアを持ちよって1つの解決案を作り、プレゼンテーションするという探究型の研修です。今年は高1・高2の17名が参加します。

「この2つの研修は、いずれも対面で行います。違うクラスの生徒や学年の違う生徒と一緒に研修を受けますので、生徒たちにはいい経験になると思います。この研修をステップにして、次は海外研修やターム留学へチャレンジして欲しいと思います。また、中1・中2は本校独自の海外研修がありませんので、外部で受講できるプログラムを紹介しています。今後もそれぞれの生徒が最適な選択ができるように、国内・海外のいろいろな情報を集めて発信していきたいと思います」（伊藤先生）

セブ・オンライン研修の様子

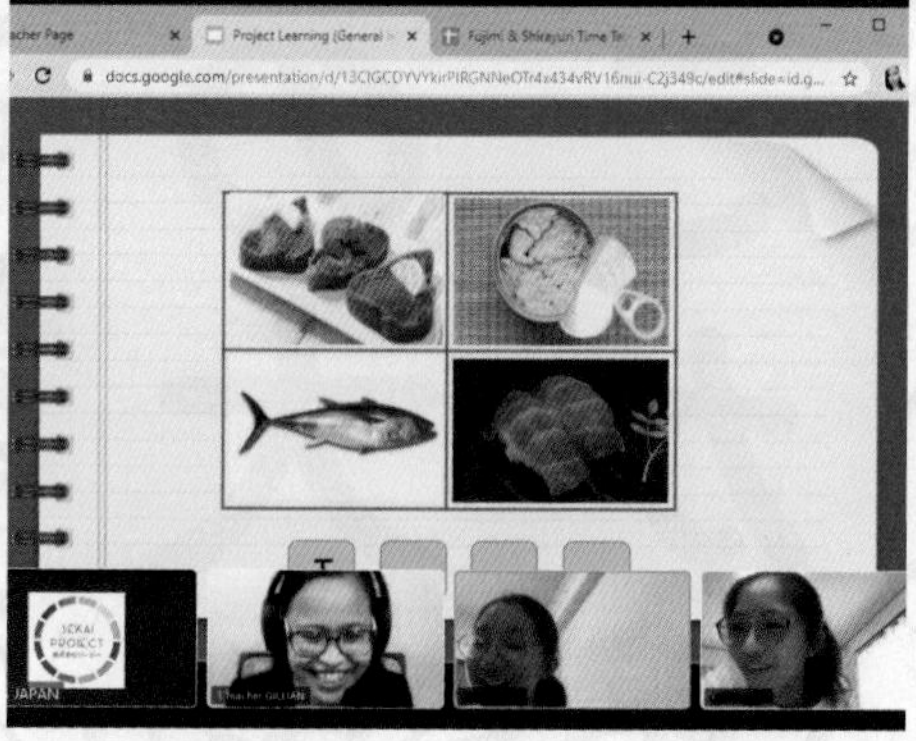

海外大学への進学を視野にグローバル力を高める

富士見では、アジアの学校との交流も盛んに行われていて「アジア高校生架け橋プロジェクト」を利用して、昨年はタイから、今年は7月からカンボジアの留学生（高1）が1名訪れています。また、台湾の姉妹校とは2015年から相互交流プログラムが行われており、オンライン交流として、一緒にグループを組んでSDGsをテーマにプレゼンテーションをするなど、アジアの同世代の生徒との交流を通じてグローバルな視野を育んでいます。

4月には、恒例になった「海外大学進学ガイダンス」がオンラインで行われました。今年も中学生の保護者の参加が多くみられ、ガイダンス後のアンケートでは、海外大学への進学に興味があると回答した割合が昨年よりも増えていたそうです。

「海外で学ぶということは、日本国内で学ぶよりも努力しなければならないことが多くあります。その現実を理解したうえで、国内・海外どちらで学ぶのかを生徒と一緒に考えていくようにしています。そのうえで海外大学をめざす生徒には、日本の大学への進学も視野に入れながら、留学のための目標値を設けて、学力向上のアドバイスもしています。

今後は、日々の学校生活のなかでグローバルを感じることができるようなプログラムを増やして、生徒のグローバル力（コミュニケーション力、コラボレーション力、異文化理解力）を高めていければと思っています。『グローバルセンター』では、より広い世界へ生徒が飛び立つための準備となるサポートをしていきます」（伊藤先生）

留学生との交流の様子

School Information

●学校説明会A【小6限定/Web予約制】
9/17土 10/15土 10/29土 11/ 5土 11/26土 12/ 3土 1/14土
各10：45～12：45

●学校説明会B【全学年対象/Web予約制】※Zoomウェビナー配信
9/10土 10/8土 11/12土 各14：00～15：00

●バーチャル校内案内【全学年対象/Web予約制】※Zoomウェビナー配信
11/19土 14：00～15：30

住　所：東京都練馬区中村北4-8-26
ＴＥＬ：03-3999-2136　URL：https://www.fujimi.ac.jp/
アクセス：西武池袋線「中村橋駅」徒歩3分

声の大きな子・小さい子、どこが違うの？

親はどうしても、自分の子どもを周りの子と比較してしまいがちです。元気で大きな声で発言している子どもを見ると、うちの子は声も小さくて、はっきりとしゃべれていないと、心配になってしまうことがあるかもしれません。今回は、こうした子どもの心配な行動に対して、親はどのように接したらいいのかを、臨床心理士の的場永紋さんに聞きました。

イラスト／宮野耕治

行動は内面のせいだと勝手に思い込んでいる

授業参観で、子どもの教室での様子を見る機会があると思います。そんな時、大きな声で発表する子と小さな声で発表する子がいることに気がつくでしょう。授業中に限らず、社会的場面でしっかりと大きな声で話せる子もいれば、もじもじと小さな声になって

子どもを
伸ばす
子育ての
ヒント
CASE
50
はーい!!
はーい…

的場永紋
まとば・えいもん
臨床心理士、公認心理士。心のサポートオフィス代表。東京都スクールカウンセラー、埼玉県の総合病院小児科・発達支援センター勤務ののち、心のサポートオフィスを開設。子どもから大人まで幅広く心理支援を行っている。
[心のサポートオフィス]
https://kokoronosupport.com/
LINE ID:@408kdsdd

しまう子もいます。大きな声で話している子どもを見ると、自信があってしっかりした子だなと、感心するのではないでしょうか。一方、声が小さい子どもは、自信がなく、消極的に見えるかもしれません。

子育てにプレシャーを感じていたり、子どもに強い期待を抱いている親御さんは、自分の子を周りの子と比較しがちです。そして、自分の子ができないことに敏感になり、ちょっとした行動の違いにも不安を感じてしまうことがあります。声の大きさというたった一つの特徴でも、一喜一憂してしまったりするものです。

誰しも、ものごとを認識するときには、その人なりの先入観が働きます。誰かの行動を見たときに、『その行動の原因は、本人の内面のせいだ』と勝手に思い込んでしまうのです。子どもの声の大きさについても、そこからその子の内面を推測する、ということがおこります。自信があるか・ないか、積極的か・消極的か、自己主張できるのか・できないかなど、その子の内面が原因で大きな声や小さな声になっていると考えてしまうのです。

しかし実際には、目に見える行動と目に見えない内面（心の中）は結びつかないことがよくあります。言い換えれば、目に見える行動から推測された内面が、その子の実際の内面とは異なっていることがよくあるのです。例えば、大きな声は、実は自信のなさの現れである場合もあります。自信がないからこそ、大きな声でごまかそうとしているのです。また、状況理解が苦手で、場所や状況に限らず、大きな声で話してしまう子もいます。一方、小さな声ではあっても、心の中ではしっかりと自分の考えがあり、それに自信を持っている子もいます。

そもそも、高学年になると、思春期の心の変化によって、人から自分がどう見られているかをより強く意識するようになります。そのため、人前で発表することに恥ずかしさが増したり、授業中に挙手することに抵抗が生じてきます。周囲から目立つことや浮いてしまうことに抵抗を感じる子もいるでしょう。人前で声が小さくなるのは、精神年齢が上がってきたからこそともいえるのです。

また、子どもの示す行動は、内面だけでなく、環境が大きく影響しています。環境が異なれば、異なった行動を示すことも少なくありません。授業中の発表では、恥ずかしさから声が小さくなってしまっても、休み時間に遊ぶときは大きな声で叫んでいる子もいます。

忘れがちなことですが、親から見える子どもの姿は、あくまでも親の前にいる子どもの姿です。学校や習い事での子どもの様子、友達と遊んでいるときの子どもの様子など、それぞれの環境で違う「その子らしさ」を発揮しているものなのです。ときには、親からは見えない、あるいは親には見せない「その子らしさ」を想像してみるのも大事なことかもしれません。

さらに、話す相手によっても声の大きさは変わるものです。先生や見慣れない人が相手だと、小声になるけれど、家族や友達にははっきりと自己主張できる、といった場合もあります。また、相手に威圧感を与えるために、声を張り上げる子もいます。

子どもにネガティブなレッテルを貼ってしまう

このように、状況や関係性によって、子どもの行動、表現のあり方は変わるものであり、ある一場

目に見える行動 ≠ 目に見えない内面

↓

安易な推測はやめよう

面における子どもの行動だけで、内面を推測することはできません。

子どもと接するときには、目に見える行動と目に見えない内面（心の中）は結びつかないことがあるということを、しっかり頭に入れて、目に見える行動にまどわされるのではなく、目に見えない内面にしっかりと向き合ってあげることが大事です。

大人は、子どもの心配な行動を見たときに、「その原因は何だろう？」と考えることが多いと思います。つまり、その行動の原因を追求してしまうのです。

原因を考え出すと、その行動は「その子の性格のせいだ」と解釈してしまうことが多いのではないでしょうか。しかし、この解釈は「〜かもしれないな」くらいに留めておくべきです。

例えば、声が小さいのは「気が弱い性格のせいだ」「恥ずかしがり屋だからだ」などと決めつけたとします。これは、親が子どもにネガティブなレッテルを貼ってしまうことになるのです。

このレッテルに基づいて「恥ずかしがらないで」「もっと大きな声で話しなさい」などと注意や助言をすればするほど、親の意図とは反対方向に子どもが進んでしまうという逆説が、子育てでは起きやすいのです。親が「そうなってほしくない」と意識するからこそ、それを子どもも、それを感じ取って、強く意識してしまいます。声が小さいことは良くないことだと言われ続ければ、声が小さい自分に対して、「引っ込み思案だからだ」「自信がないからだ」とネガティブな意味づけをしてしまいます。その結果、ネガティブな自己イメージが強くなってしまうと、さらに傷つくのを恐れて、いろいろなことに挑戦しなくなってしまいます。

子どもの行動を理解するときには、その原因を追求するのではなく、「何のためにその行動をするのだろうか？」と考えた方が前向きでプラス思考です。「ある行動を取るのは、何かしらの目的があるためだ」と考えるのです。その見方からすると、「声を小さくするのは何のためか？」という問いになります。例えば、その目的は「目立たないため」であったり、「恥ずかしがるため」であったりします。

「恥ずかしがるため」というのは、どういうこと？と思うかもしれませんが、恥ずかしくなることが、実はさらに目的につながるのです。例えば、恥ずかしくなることで、何かを挑戦しないで済んだり、失敗を避けることができるのです。不安や恥ずかしさ、落ち込みなどの感情が生じるのにも、目的があるのです。不安・緊張・恥ずかしさから、「声が小さくなり」、「人前で発表することができない」のではなく、発表するのを避けるために不安や緊張感、恥ずかしさという感情を作り出しているとい

目に見える行動に まどわされる

えるのです。

声が小さくなるのは そう「選択している」から

このように、目的は何かと考えていくと、子ども本人が意識していなくとも、本人が声を小さくなるのは、そういう行動を「選択している」のだということがわかります。だからこそ、本人が別の選択肢も自ら選ぶことができるのです。性格として決めつけてしまうと、性格だから仕方がないと考え、あきらめてしまいます。「引っ込み思案な性格」というのも同じで、「引っ込み思案だから人と関わることができない」と考えてしまうのではなく、「人と関わらないために、引っ込み思案になっている」と考えるのです。こちらの方がプラス思考です。

でもこうなると、親としては子どもにより良い行動を選択して欲しいからこそ、「もっと大きな声で発表しなさい」とか「もっと積極的になりなさい」と言いたくなると思います。しかし、実際にその行動を取ろうとする勇気があるかどうかは、子ども次第です。親にできることは、余計な口出し、手出しをしないことです。親が子どもを何とかしようとコントロールするのではなく、子ども自身が自分の目的や目標に向かって行動を選択することができるようにしていくことが大切なのです。そのためには、親は見守る姿勢が重要になります。子どもに対して「ああした方が良い」「こうしなさい」「それはダメ」と否定しないことです。「声が小さくなるよね」「恥ずかしくなるものだよね」とそのまま肯定して、認めることです。自分の行動や感情をあるがままに受け入れてもらえると、子どもは安心感を抱くことができます。そして、その安心感が基盤となり、新たに挑戦しようとする勇気が湧いてくるのです。

ついつい口出ししてしまうことが多い場合には、いったん立ち止まって、自分が子どもをどのような眼差しで見ているのかを振り返ってみることが役に立ちます。親自身のどのような価値観に基づいて、子どもを評価しようとしているでしょうか。子どもの表面上の行動だけにとらわれていないでしょうか。表に見える行動だけで評価して、子どもを勝手に「○○だ」と決めつけていないでしょうか。

子どもは、その子なりの成長を遂げていきます。親はあくまでも、その過程を応援しながら、見守るサポーターです。子どもの人生は、子どもが主役で、子ども自身が悩みながら、迷いながら、長い人生を歩んでいくのだということを忘れないでいたいものです。

子どもを伸ばす子育てのヒント

CASE 50

目に見えない内面に向き合う

親の言うとおりにするのに疲れました。

「親の言うとおりにするのに疲れました。これから自分がどうしていけばいいのか、わかりません･･･」　　（小6女子）

アドバイス

親や先生など大人の言うことや期待に応えるため、一生懸命に頑張って、自分の気持ちを押し殺してきた場合、どこかで燃え尽きてしまうのも無理のないことです。いわゆる優等生やお利口さん、いい子と言われてきた子にとって、**「疲れてきた」、「何もしたくない」という気持ちが現れるのは、心がSOSのサインを発しているのです**。これからは、**他者を優先するよりも、いかに自分の気持ちを優先していくかが大切だと思って、親に自分の本音をぶつけてみてはどうでしょうか。**もし理解してくれないときには、信頼できる友達や大人に話して（愚痴って）みてください。自分の気持ちを押し殺したままでいると、自分が何のために生きているのかわからなくなってしまいます。

子どもの本音

他者ではなく、自分の心を優先して心を軽くする工夫

3 過剰に反省しない。自分に注目しない。注意を外に向けること

真面目な人ほど、過剰に反省しやすく、それが自責につながることが多くあります。ですから、反省しないことがお勧めです。また、自分自身に注目するのではなく、外の世界へ意識を向けるようにしましょう。

4 「つらい」「苦しい」「困っている」「助けて」と言いましょう

行き詰まったときには、一人で立ち向かうのではなく、勇気を持ってしっかりと助けを求めましょう。親は、子どもに「周囲の人に助けてもらった良かった」「手伝ってもらって嬉しかった」という経験を積ませてあげることが大切です。

5 自分らしくあること「バラはバラでありバラである」

当り前ですが、バラの花はバラの花であって、それ以外の何ものではありません。これを、自分に置き換えてみると、どうでしょうか。自分は自分でしかないのに、他人のようになろうとしたり、人の期待通りになろうと必死になったりしていませんか。自分らしくいること、そんな自分を受け入れることを心がけてみましょう。バラはバラでいいのです。

ココロとカラダの特集

的場永紋先生の 親の悩み

**親が子育てに悩んでいるとしたら、
子どもにも、不満や悩みがあります。
このコーナーではその親の悩みと
子どもの本音の両方に対して、
的場永紋先生が臨床心理士の立場から
アドバイスします。**

子どもが親の財布から お金を繰り返し 取っていきます。

アドバイス

1回目の場合は、まずは子ども自身に理由を聞いてみるとよいと思います。例えば、「友達と一緒に遊ぶときのお金が欲しい」、「お小遣いが足りない」、「欲しい物がある」など、子どもが本音を語ってくれたなら、それに対して一緒にどうしていくかを話し合えばよいでしょう。友達とつながるために、お菓子を買ってあげたりする子もいます。その場合は、お金や物をあげるのではなく仲良くなる社会的スキルを子どもが身につけていく必要があります。

問題は、繰り返し起きている場合です。その場合は、お金が欲しくてやっているわけではないことが多いのです。むしろ、親を困らせるための「復讐」の1つである場合があります。親の財布からお金を盗むのは、親との関係性が悪くなっているからです。親と子の心が離れてきている証なのです。そもそも、関係が良好ならば、お金が欲しいとき「ちょうだい」と言えば済むことです。しかし、それが言えずに、黙って盗むまでに至っているということは、**それまでの関係の中で何度も自分の想い、要求、希望が聞いてもらえなかった、無視されたという気持ちが蓄積されていると考えられる**のです。

自分の想いをしっかりと受け止めてくれなかった親への復讐を、親の財布から盗むという行動で表現しているといえます。そういう場合は、単純に叱ったところで、改善しません。むしろ、**急がば回れで、地道に親子や家族間の関係を見直し、よりより関係を築いていくための努力が必要になります。**言いたい本音を行動に託すのではなく、本心を親に向かって言えるようになってくれば、関係が改善してきたサインだといえます。

1 思い込みを外すこと

「頑張っていることに自分の存在価値がある」「頑張れなくなったら（周囲の期待に応えられなくなったら）存在価値はない」と思い込んでいないでしょうか。もしそうなら、休むことも大事なことです。「頑張ること」と「休むこと」のバランスを保つことが大切です。それを改めて考えましょう。

2 ネガティブな感情を吐き出すこと

いろいろな感情を吐き出すことで、心が軽くなります。とくにネガティブな感情は心の中に溜まっていきます。しっかりと周りに愚痴るようにしましょう。

を育む方法

**生きていけば誰もが困難にぶつかります。
その逆境に負けないためには、
ダメージを受けても回復する力が必要です。
回復力がすなわち、強さといえます。
この逆境から回復する強さを育むには
どうすればいいか、
このシリーズでは考えていきます。**

文／齋藤修司　臨床心理士、公認心理師。
都内にカウセリングルームを持っている
イラスト／土田菜摘

5「人とのつながり」が味方になる

思いやりがある
＝
人とつながれる
≫
回復力がアップ

のび太こそが人とつながる天才

今回は「人とのつながり」が強さを生むという話です。

突然ですが、あなたはゲームをしますか?私は大好きです。とりわけドラゴンクエストが好きですね。ご存じの方も多いのではないでしょうか?大人になった今でも、「テッテレーテッテッテー」音からのオープニングテーマを聞くとウキウキします。

ご存じない方のために一応解説しますと、このゲームはロールプレイングゲームと言って、敵を倒して経験値を稼ぐほど強くなり、お金を貯めて強くて高価な武器を買い、最終的にラスボスを倒すまでの冒険を長く楽しむゲームです(筆者の考え)。

ロールプレイングゲームでは、普通に進めたのに重要なアイテムを得られず先に進めない、まだ戦うべきではないボスに遭遇して倒せないなど、困ったことが起きることがあり、こうしたときは本当にストレスです。

子どもの頃、ゲーム時間は限られていましたから経過を見直す時間はなく、攻略本を買うお金もネットもない、八方塞がりでした。たかがゲームと思うかもしれませんが、小学生の私にとってゲーム進ちょくは死活問題、まさに逆境でしたね。

こんなとき、私は友だちの村田君に会いにいきました。彼の家ではゲームに制限時間がなく、やりこんでいるので大体何でも知っていました。彼から教えてもらい私はドラクエを楽しめたのです。

これ、ビジネス風に言えばゲームについてのコンサルを受けていた、と言うことです。さらに無料ですし、村田君の家に行くとそれなりに歓待を受けるのでおやつまでついてきました。

こうしたことを可能にしたのは、私が村田君と友だちだったからですね。知恵も財力もない僕が八方塞がりに打ち勝てたのは、「人とのつながり」によりコンサルを受けたおかげです。人とつながれると、レジリエンス(回復力)がアップするのです。

こうなると、人とつながる方法が知りたくなりますね、実はこのことに関しては天才がいます。のび太です。長編では登場人物と絆を作り、なんだかんだ皆から愛され、しずかちゃんを射止め、父親から賛辞の言葉を贈られる、相当なやり手です。

台風のフー子をご存じですか?のび太はいつものパターンでふ化させてはいけない卵をふ化させますが、それが台風の子どもフー子です。ドラえもんは危険性を指摘して養育を反対、でものび太は可愛がります。フー子もなついて信

ドラえもんでわかる 子どもの強さ

頼関係が生じます。

　フー子の養育は徐々に難しくなりますが、最後はフー子が身を賭して大型台風に立ち向かい、のび太を含めた人間（あるいは世界）を守ります。フー子はずっと自分をかばい続けたのび太に恩返しがしたかった、私はそう思っています。

人を思いやる心がのび太にはある

のび太には人を思いやる心があり、しずかちゃんのパパもそう指摘しています。フー子を養育したのはそうした気持ちの現れですね。そして、その気持ちは皆に反対されてもぶれないのです。

　この点のび太は凄まじく、たとえば無人島で一人取り残されても「ドラえもんが助けに来てくれる」と信じて生活するのですが…その年月なんと10年。最後は絶望の叫びをあげますが、のび太でなければもっと早く諦めてもおかしくありません。（『無人島へ家出』より）

のび太の持続力は、勉強や運動に関しては発揮されず、友情や思いやりなど「感情」に関して発揮されるように思います。考えてみれば、小学生から一貫してしずかちゃんのことが好き、結婚前夜の友だちも昔の面々です。

　長編でも「友情」を元に「助ける」と決めたら、最後まであきらめませんし、『ドラえもんに休日を』でドラえもんがのび太に渡した呼びつけブザーを最後まで使わなかったのは、ドラえもんが休日を楽しむ姿を思い浮かべたからです。

　仲間を思いやる気持ちがあるため強大な敵に立ち向かい、尋常ではない根性を発揮できるのでしょう。そして、気持ちが持続するためぶれずにそうした行動をとり続ける、それが信頼になり、人とのつながりが作られるのではないでしょうか。

　思いやる気持ちを持てたのは、思いやられた経験があるからですね。お母さんの玉子は愛情はあるのですが叱ってばかりですから、やはりおばあちゃん（父方）でしょうね。のび太がどんなことをしても、おばあちゃんはのび太に優しく接し続けたのです。

　こうして、のび太はおばあちゃんから、思いやりの気持ち、思いやるとはどういうことかを学習し、思いやられ続ける居心地の良さを知ったからこそ、相手を思いやることに揺るぎない正当性を見いだし、自信を持ってそれを続けられるのでしょう。

　親は、できるだけ子どもの気持ちに寄り添うようにして、叱るときにも後からフォローし、親のどちらかが叱ったらもう一方は慰め役に徹しましょう。一緒に怒ってしまったら、正しい注意だとしても傷ついてしまい、思いやりを学習しにくいものです。

　こうした親の関わりを続けると子どもの感情が育ち、「人とつながれる」能力を伸ばします。人生は順風満帆なときだけではなく、ピンチに陥った際に支えてくれる人は重要です。そうしたつながりが逆境でのレジリエンスの発揮に役立つのです。

　最後になりますが、ドラえもんには『タイムパラドックス』という話があります。ファンが書いた非公式の話で、強い気持ちを持ち続けると全てを凌駕することを示す話です。ここでも、のび太はドラえもんへの思いを貫きます。ネットで検索できるお話ですから、興味があったらぜひ読んでみてください。

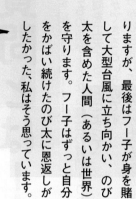

子育ての参考書

子どもの才能をぐーんと伸ばすうまい質問とは!

子育てに役に立ちそうな本を紹介するコーナー、今回、取り上げたのは「子どもの頭がよくなる魔法の質問１００」です。親が子どもに対してする質問を工夫することによって、子どもの才能を伸ばすことができるというのです。確かに、いつも子どもにしっかり質問していないような気がします。どういう質問をするように心がけたらいいのでしょうか。

イラスト／the rocket gold star

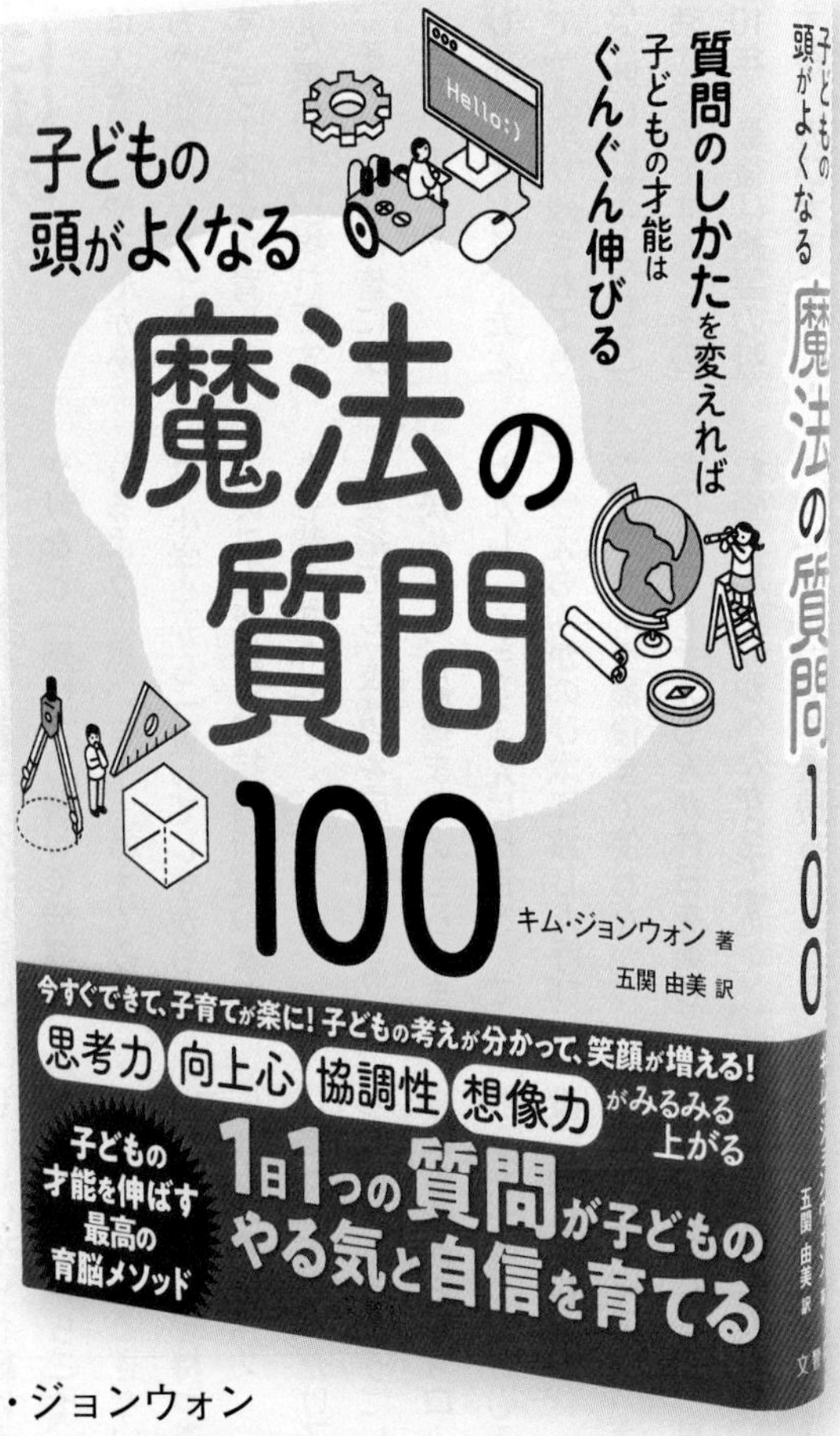
子どもの頭がよくなる
質問のしかたを変えれば
子どもの才能はぐんぐん伸びる
子どもの
頭がよくなる
魔法の質問
100
Hello:)
キム・ジョンウォン 著
五関 由美 訳
今すぐできて、子育てが楽に! 子どもの考えが分かって、笑顔が増える!
思考力
向上心
協調性
想像力
がみるみる上がる
子どもの才能を伸ばす最高の育脳メソッド
1日1つの質問が子どものやる気と自信を育てる
子どもの頭がよくなる魔法の質問100
五関 由美 訳

文響社 発行
定価：本体１６８０円（税別）

キム・ジョンウォン

韓国を代表する教育評論家。著書『子どものための一日一行人文学』（未邦訳）が韓国ではよく知られている。韓国の激しすぎる競争社会に警鐘を鳴らし、子どもの能力や人間性を育んでいくことの重要性を説いている。

説明できないことを説明させてみよう

この本では、子どもにどういう質問をしたらいいか、具体的に１００の質問が書かれていますが、その前に、子どもに対する質問はどうあるべきなのかということが、いろいろな角度から説明されています。

例えば、「子どもの思考にエンジンをかけるためのコツ」という項目があります。

その1番目は「ささいなことでも質問しよう」。著者によると、世の中の革新はくだらないと思う質問から生まれたというのです。そして、ごく当たり前すぎる質問ほど、逆に新鮮な答えが出てくる可能性があるといいます。つまり、子どもに質問するときに、くだらない質問こそが実は面白いというのです。

2番目は「説明できないことを説明させよう」です。「死ぬってどういうことだと思う?」と子どもに質問したら、どういう答えが返ってくるでしょうか。「えー、そんなことを聞くの?」と聞き返されてしまうかもしれません。でも、こういう答えにくい質問ほど、子どもの思考力を呼び覚ましてくれるのだと、著者は言います。

ちなみにアインシュタインはこの質問に「美しいモーツァルトの音楽をもう聴けなくなることだ」と詩的に答えたそうです。

3番目は「あらゆる物事に疑問符をつけよう」です。日常的に目に付くものに疑問符をつけます「コンビニで一番売れている商品は何だろう？」「マンションは同じ場所に立っているけど、腰が痛くならないのかな？」などです。時にはモノを生き物に見立て、疑問符をつけます。そうすることで、子どもの思考に刺激を与えます。

観察したことから質問を生み出そう

このほか、観察したことから質問を生み出す「観察質問法」といったことも紹介されています。例えば、食べかけのパンが袋に入って落ちていたとします。それを観察することで「このパンはどうしてここにあるんだろう」ということを考えていくのです。そこから生まれる様々な疑問が子どもの好奇心を刺激し、知恵が生み出されます。

「1か月1冊」の質問読書法というものもあります。1か月に1冊、同じ本を繰り返し読みます。1日5分でもいいので、毎日、読みます。そのときに、毎回、その本に対する質問を考えるようにします。1か月で30個の違う質問を考えるのです。それによって、1冊の本を30通りの異なった視点から読めるようになるというのです。

さて、具体的な100の質問です。「思考力」「向上心」「協調性」「想像力」を伸ばす質問がそれぞれ紹介されています。

「思考力を伸ばす質問」

「悪い人でも幸せになると思う？」「計算機があるのに、どうして算数や数学を勉強するのかな」「本で読んだ内容をすぐに忘れてしまうのはどうしてだと思う？」「自分のことを1文で説明するとしたら、何て書く？」「何か間違ったことをしたとき、ママ（パパ）にどうしてほしい？」

「向上心を伸ばす質問」

「1年後は、どんな人になっていたい？」「人間が失敗を繰り返すのは、どうしてだろう？」「自分の価値はどうやって決まると思う？」「競争で1位になることにはどんな意味があると思う？」「自分の一番悪いところはどこだと思う？」

「協調性を伸ばす質問」

「親は何のために存在していると思う？」「何か書いたり話したりするとき、他の人がどう思うか気になる？」「ママ（パパ）と○○ちゃん（くん）が幸せな理由は同じ？」「事情があって約束を守れなかった友だちに、何と声をかけたらいい？」

「想像力を伸ばす質問」

「本がなくなった世界って、どんな感じだと思う？」「働かなくて暮らしていけるなら、世の中はどうなると思う？」「自分で本を書くとしたら、どんなタイトルがいいと思う？」「時間とお金、どちらの方が重要だと思う？」

一生懸命
質問して、
子どもの頭を
よくしよう！

親子で
ココロとカラダに効く呼吸法

Vol.
33

集中力を高める「ダンサーのポーズ」に挑戦！

「ダンサーのポーズ」は、片足でバランスを取りながら
胸・お腹・ももの前面を弓なりに伸ばしていく難易度の高いポーズです。
取り組む過程で集中力やチャレンジ精神が高まります。
ペアになって手をつないで行うと、バランス遊びが楽しめます。

教えてくれたのは

畑中麻貴子先生
ヨガインストラクター＆ライター。ヨガや太極拳、気功、ソマティックスなボディワーク、セラピー、食など東西のさまざまな学びを通じ、いかに自分の身体と仲よくなり、本来持っている「健やかさ」を培っていくのかを探求中。
https://instagram.com/asamakico
写真／米田由香
（ぬくもりフォト）

●カラダへの効果

片足立ちで後屈をするため、バランス感覚と柔軟性が養われます。足のストレッチになり、背中の筋肉やおしりの筋肉を鍛えて、姿勢改善効果も期待できます。

●ココロへの効果

固まっていた体がリフレッシュして、体にもココロにもパワーが充電されます。明るく、前向きな気持ちづくりに役立ちます。

準備のポーズ

片足で立ってみよう！ 胸・お腹・ももの前側をしっかり伸ばして

マットの上に立ち、左ひざを後ろに曲げて左手で外側から足の甲をつかみます。息を吸いながら右の腕を上にあげます。

ポーズ完成！

ダンサー気分で自信たっぷりに、ポーズ！ そのまま5呼吸してみよう

❶ 息を吐きながら上体を前に倒し、右の手を前に伸ばします。
❷ 左足は足の甲で手を押すようにして後ろに持ち上げましょう。骨盤は、できるだけ床と平行にして、体をしならせるイメージです。
❸ 軸足を変えて、左右行います。

ペアでポーズ

手と手をつないで、引っ張り合いっこ カラダが伸びて気持ちいい！

右足立ちの「ダンサーのポーズ」と左足立ちの「ダンサーのポーズ」で向かい合い、お互いの手をつないでみましょう。グラグラしながら引っ張り合う力で、さらに胸が開いてストレッチ感がアップ。猫背もスッキリします。

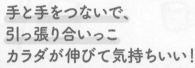

学校のトイレが苦手な子は先生たちのトイレが好き

**保健室は子どもたちにとって大切な居場所です。
そこでは、担任の先生や親の前とは違った顔を見せてくれます。
子どもたちの今を、保健室よりお伝えします。**

文／五十嵐 彩・いがらし あや　東京都内の公立小学校で養護教諭
イラスト／ふじわら かずえ

「先生たちのトイレ借りてもいい？」「うんち出たー。楽になったよ！」

「学校のトイレ」にどのような印象をもっているでしょうか。におう、暗い…など、あまりよくないイメージがあるかもしれません。しかし、現在の学校のトイレは広くて明るい雰囲気になっています。

でも「学校のトイレ」というと男の子は個室を使わない（使えない）ということを耳にするのではないでしょうか。学校の男子トイレは、立って用をたす立ち便器と個室の２タイプが設置されているところがほとんどです。用途によって使う便器が違うため、かつては、男子が個室に入っていると「うんちをしている」とからかわれることもあったようです。実際に、保護者でそのような経験をしたと話す人がいます。

しかし、最近は男の子が個室に入ることに抵抗がなくなってきているようです。家庭では洋式便器だけで立ち便器がないことが多いため、立ち便器に慣れず個室を使う子います。私の勤務する学校でも、休み時間には男子トイレの個室がいくつも埋まっていますし、学校での排便がしっかり習慣になっている子もいます。**子どもたちには、学校でうんちをすることは恥ずかしいことではなく、生理現象の一部で、健康のバロメーターでもあるという考えを広めるようにしています。**

それでも、トイレを使うことは、（個室とはいえ）衣類を脱ぐから恥ずかしい、他の人が入っていると排泄しにくいなど苦手意識をもっている子がまだいることも事実です。

授業中、２年生のサトルが「先生、お腹が痛い…」とお腹をさすりながらやってきました。「大丈夫？」と声をかけ、体温計を差し出しますが、妙に落ち着きがありません。

「先にトイレに行ってみる？」と声をかけると「うん！ちょっと行ってくるね！先生たちのトイレ借りてもいい？」と廊下をかけだしました。保健室に戻ってくると「うんち出たー。楽になったよ！」といいます。「じゃあ、おなかが痛かった原因はうんちをしたかったからなのかな？」と聞いてみると「そうみたい」と笑っています。

よく腹痛を訴えて保健室にきて必ず保健室からトイレに行く

実は、サトルのように腹痛の原因がトイレに行きたいことということが珍しくありません。そして、学校のトイレに苦手意識があると腹痛のたびに苦しむことになってしまいます。腹痛を訴えて来室し、排便がない、朝食を食べていない、水分をとっていない、腹部に張りがあるなどが当てはまる子には「もしかして、学校のトイレでうんちをするの苦手？」とさりげなく確認します。そして、苦手だという子には、学校でうんちをすることは恥ずかしいことではないと改めて教えるとともに、人のいない授業中にトイレに行ってもいいんだよと伝えて、学校の中であまり人が来ないトイレの場所を教えるようにしています。

４年生のトモユキは、よく腹痛を訴えて保健室にやってきますが、必ず保健室からトイレに行きます。はじめのうちは学校のトイレが苦手だと言っていましたが、一度、保健室近くの職員用のトイレに一緒に行ってからトイレに行けるようになりました。**子どもがあまり来ないことと保健室が近いことで安心したのだそうです。学校のトイレでもスッキリできるという経験をしてから、徐々に教室近くのトイレにも行けるようになりました。**それでも、保健室からトイレに行くときには「先生、ぼくは先生たちのトイレが好きなんだけどそこに行ってもいい？」と確認してきます。「どうぞ」というと「じゃあ、いってきますね」となんだか少しうれしそうにトイレに行きます。

トイレに行くこと（排泄すること）は健康状態を把握する第一歩でもあります。排泄の大切さ、からだの中で何が起こっているのか等々、自分のからだや健康について話題にしながら、子どもたちの学校のトイレへの苦手意識を少しでも減らしていきたいと思っています。

子どもたちの名前は仮名です。個人が特定できないように事実関係に手を加えている場合があります

ココロの Interview 95

虻川美穂子

［お笑いタレント］

気合いと根性で乗り切ってきたのに それが通用しない世界が子育てだった

明るく、何事にも一生懸命に取り組む姿が印象的な虻川美穂子さん。お笑いコンビ・北陽として20代後半でブレイクし、プライベートでは40歳で出産。

現在は小学校2年生の息子さんの子育てに奮闘しています。

それまでは子どもとは無縁の生活を送ってきたといい、出産や育児によって考え方や生活は大きく変わったそうです。そんな虻川さんに悩める子育てについて語っていただきました。

文／粂美奈子

中学高校とソフトボール部 部活にかなり打ち込んだ

父と母、弟の4人家族で、子どもの頃は団地で暮らしていました。団地には同じような家族がたくさん住んでいて、同年代の子どもたちがいっぱい。みんなきょうだいみたいな感じで、一緒によく遊んでいましたね。とりわけスポーツが盛んで、ドッジボールなんかをよくやっていました。年代別のグループに分かれて、試合をしたり、けっこう夢中になってやっていましたね。

明るくて活発な方でしたが、中学1年生の時に大好きな団地から引っ越すことになり、ちょっと風向きが変わりました。それまでは周りにいる子どもたちがみんな生まれたときから友達みたいな感じだったので、あえて「友達を作る」という経験がなかったんです。

でも、転校先ではそういうわけにはいかない。友達を作る方法がわからなくて、少し戸惑いました。人と関わるのが面倒くさいなあなんて思ったりもして……。思春期でもありましたし、自分探しの時期だったんでしょうね。

母は明るくてほがらかで軽やかな人。天然な部分もあって、かわいらしい感じです。一方、父は明るくて熱くて面白い人で、どっしりとした感じ。ただ、ものすごく頑固で、自分が納得しないと母や私が何を言っても聞き入れない部分もあって……。夫に言わせると、私はそんな父によく似ているそうです（笑）。

父は野球が好きで、子供たちのソフトボールチームの監督とママさんソフトボールのコーチをしていました。そんな父の影響で、私も小さい頃からソフトボールを始め、父からボールの投げ方や走り方などいろい

ろ教わりましたね。それで、中学と高校の部活はソフトポール部に入り、かなり打ち込みました。

　両親から「勉強しなさい」と言われたことはあまりなかったです。言われる前にやっていたからかな(笑)。父には高校時代、ものすごく怒られた記憶があります。朝練があったのに早起きできず、それを母のせいにして文句を言ったんですね。そうしたら、父にものすごい剣幕で怒鳴られて。裸足で逃げ出すほどの恐怖を覚えました。後になって父に「あのとき、ものすごく怖かったよ」と話したら、「ここでおまえを押さえ込まなかったら、この先どうなっちゃうか心配だったから」と言われました。

　両親は常に「自分がやりたいことをやればいいし、やりたくなかったらやめればいい」と言っていて、好きなようにさせてくれました。高校を卒業して劇団に入るといったときも、劇団をやめてお笑い芸人になるといったときも、全く反対されなかったんですよ。当時は女性のお笑い芸人は今よりずっと少なかったし、厳しい世界でしたから、親はよく反対しなかったなと。でもそれって私のことを信頼してくれていたのかなとも思います。

出産するまで、がむしゃら ただ一直線に頑張ってきた

デビューした後もすぐには芽が出なくて、母には電話でよく愚痴や悩みを聞いてもらっていました。父からは手紙をもらいましたね。仕送りの品物と一緒にさりげなく入っていたんです。その中で印象に残っているのは、「頑張り過ぎずに頑張れ」という言葉。父も頑張り過ぎるタイプで、私もそうなんです。だから、その言葉がすごく身に滲みました。父は励まし方がうまいんです。冗談を交えながら言ってくれるので、自然と「よし、もう少し頑張ろう！」という気持ちになれました。

40歳で出産するまでは、本当にがむしゃらというか、ひたすら一直線に頑張ってきた人生でした。ソフトボールもお笑いも、とにかく一生懸命頑張ってやったら、どうにかなってきましたから。気合いと根性で乗り切ってきたんです。その気合いと根性が通用しない世界があるんだと知ったのが、子育てでした。

母乳で育てたいと思っても出ないものは出ないし、赤ちゃんが泣くのを気合いで抑えようとしても泣きやまないし、自分の思い通りにならないことがこんなにも立て続けに起こるなんて、本当にびっくりして、魂が抜けました。子育てって自分が対処できる範疇外のことが起こり過ぎますよね（笑）。頑張ってもどうにもならないことがあるんだというのを学び、今は気合いと根性を入れ過ぎないようにと自分に言い聞かせてやっています。

もともとそれほど子ども好きというわけでもなくて。若い頃は子どもはうるさい存在としか認識してなかったんです。でも、出産してみてその考えはがらりと変わりました。昔はうるさいとしか思えなかった子どものおしゃべりも、子どもは子どもなりに何か伝えたいことがあって、一生懸命話しているんだなあと思ったりして。出産・育児を通して、いろいろな見方もできるようになったし、人間の幅は広がったような気がしますね（笑）。

上／子育ては思うようにいかないことの連続だった。とくに、赤ちゃんの頃は保育園がなかなか見つからなかったり、母乳が出なかったり……。下／キャンプ場にて夫の桝谷周一郎氏と親子３人水入らずのショット

小学2年生になったが 子育てにはまだ慣れずに アップアップの状態

子どもは小学2年生になりましたが、子育てにはまだ慣れません。いまもアップアップの状態です。生まれてすぐはもちろん大変だったし、保育園がなかなか見つからずに苦労もしました。でも、保育園に入ってからは、少し安定しましたね。小規模な保育園だったので、連絡帳などで密に先生たちとやり取りができたし、ママ友たちとも頻繁に情報交換ができました。だから、息子の状態も把握できて、私自身も安心していました。

でも、そこから新型コロナウイルスが流行して、そのまま小学校に入学して、……という感じですから、なんだかよくわからなくて不安だらけです。子どもから情報を得ようと思っても、男の子は的外れというか、要領を得ないというか（笑）。息子はおしゃべりな方だと思うんですが、話していても「私が聞きたいのはそこじゃない」みたいなことが多いですね（笑）。近所に同学年の女の子がいるんですが、その子から話を聞いたりしています。

自分がスポーツをやってきて、失敗への対処方法だったり、粘り強さだったり、達成感だったり、世の中の理不尽さだったり、いろいろなことを学んだので、息子にも何かスポーツをやって欲しい

など思っているのですが、なかなかうまくいきません。野球の体験にも行ったんですが、私が「こうやるんだよ」なんていろいろ口出しをしたのが逆効果だったみたいで……。スイミングもやらせたいなあと思ったんですが、これもダメ。以前、海で一緒にボディボードをやったことがあったんですが、水の中でぼこぼこっとなったのが嫌だったみたいです。

子育てでもキリキリしたり過保護になる部分がある

そんなわけで、いまはピアノを習っています。ピアノは夫が昔憧れていたらしくて（笑）。「音楽は世界共通だから」という理由で推していました。息子には合っているみたいで、楽しく通っています。でも、練習は私が「やりなさい」って言うまでやらないんですよね。やり始めると、何時間もピアノに向かっているんですが……。他にも、絵を描いたり、粘土で何かを作ったりするのは好きみたいですね。スポーツをさせるのを諦めたわけではないですが、息子が好きなものを伸ばしてあげられたらいいなと思っています。

親が私を信用したように私ももう少し息子を信用した方がいいのかも

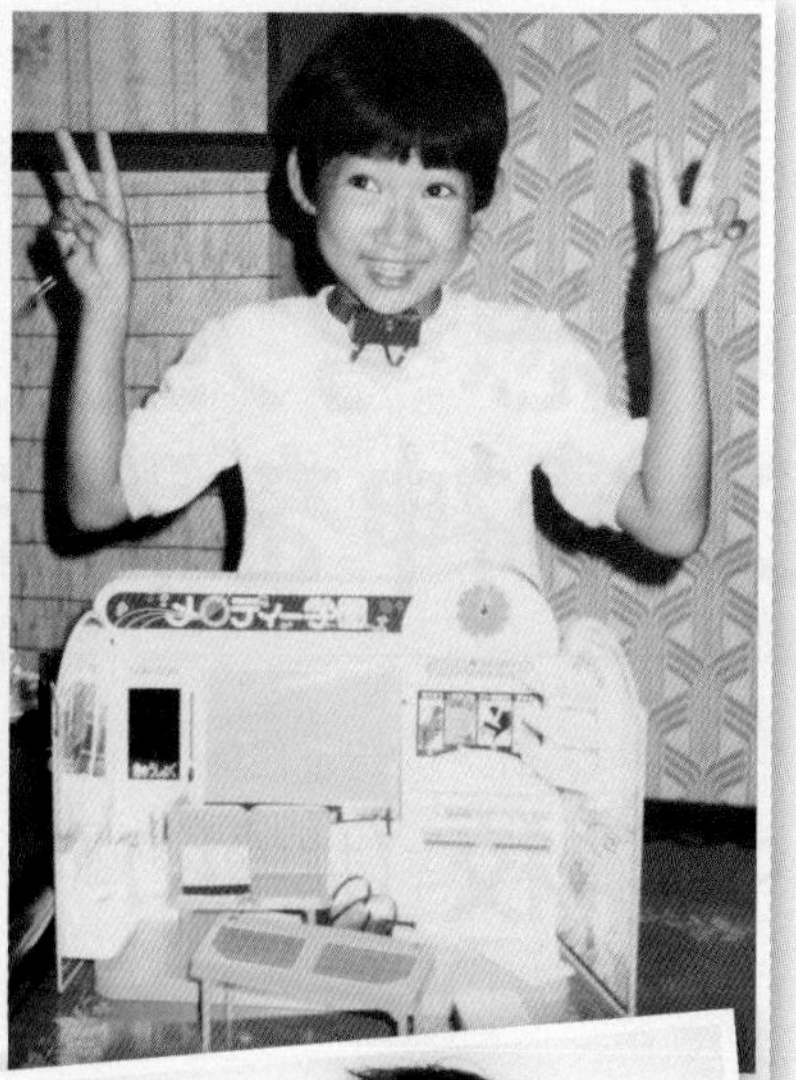

上／おもちゃを前に満面の笑み。友人も多く、楽しかった小学校時代。下／相方の伊藤さおりさんとは高校のソフトボール部で一緒だった。高校卒業後、彼女と劇団に入り、その後お笑いの道へ

夫は「学校の勉強はそんなに頑張らなくてもいいんじゃない？」っていうタイプ。自分が料理人ということもあって、手に職というか、技術を身につけて経験を積んで一人前になればいいという考えです。だから、それこそ「中学や高校あたりで留学して知見を広めればいい」なんてことも言います。確かにそういう考えもあるとは思いますが、私は「最低限学校の宿題はしなくちゃだめでしょ」と思うわけですよ。そのあたりは夫婦で意見が割れているところですね。

私自身は一直線な性格で、一つのことに集中すると周りが見えなくなってしまうことがあります。だから、子育てでもキリキリし過ぎたり、過保護になってしまう部分も。親からは「考えすぎじゃないの？　もっと適当にやれば」なんて言われたこともありました。ただ家でだらだらしている息子を見ていると、どうしても小言が出ちゃうんですよね。息子からは「ママってなんでいつも怒ってるの？」って言われて、ちょっとショックでした。

一方、夫は私と同じように一本気なところはありますが、適度に肩の力が抜けていて、しなやかなんですよね。息子には夫のようにしなやかで、多様な考え方ができるようになってほしいと思っています。

保育園時代、運動会の見学に行ったら、息子が思った以上にいろいろなことができるようになっていて、心配し過ぎてたのかなと思って、肩の力が抜けたことがありました。親が私を信用して好きなことをやらせてくれたように、私ももう少し息子を信用したほうがいいのかもしれません。いまもキリキリすることはありますが、その時の気持ちを思い出して自分自身をなだめるようにしています（笑）。

子育ては本当に思い通りにならないことばかり。これからも試行錯誤が続きそうです。

あぶかわ・みほこ

1974年埼玉県生まれ。高校の同級生である伊藤さおりさんとお笑いコンビ・北陽を結成し、テレビやラジオなどで活躍。2010年にイタリア料理店のオーナーシェフである桝谷周一郎氏と結婚。YouTube「北陽チャンネル」では子育てに関する発信も。著書にコンビで共著の『北陽の“母ちゃん業”まっしぐら！』（主婦の友社）がある。

タイアップ記事

実践的な授業で培う「思考力」次世代を担うチャレンジ精神を育成

昭《しょう》和《わ》学《がく》院《いん》秀《しゅう》英《えい》中学校【共学校】

探究授業「オンラインスラムツアー」の様子

ハイレベルな授業と確かな進学実績を誇る昭和学院秀英中学校。通常の教科授業と平行し注力しているのが、思考力を伸ばす教科横断型の「探究授業」です。今回は中学1年生を対象に実施した、ケニアのいまをめぐる特別プログラムについてお話を伺いました。

ケニアのいまを知るグローバルを感じる「探究授業」

昭和学院秀英中学校（以下、昭和秀英）は、千葉県内でも有数の難関大学進学率を誇る私立中学校です。中高一貫校ならではの質の高い教育を実践し、生徒全員が特進クラスと同等のハイレベルな授業を受けられる環境にあります。将来の大学受験を見据えた教科授業と並行して、もう1つ重点を置いているのが「探究授業」です。通常の授業で得た知識をテーマに紐づけ、生徒1人ひとりが探究・実践することで、論理的思考力の向上を図っています。2021年の冬から翌年春にかけて、中学1年（現2年）を対象に「オンラインスラムツアー」というプログラムを実施。オンラインを活用し、ケニアにおけるスラムの現状を知る特別授業を開講しました。

「普通なら知ることのできないケニアでの暮らしや課題に触れるよい機会だと感じ、この取り組みを新しく実践しました」と、お話くださったのは中学2年学年主任の伊藤正人先生です。ケニアの現状へ段階的に迫る「オンラインスラムツアー」では、第1回にケニア・ナイロビにおけるNPO法人チャイルドドクター・ジャパンの活動を知るビデオを視聴し、第2回では現地で活躍される日本人とオンラインで、質疑応答を行いました。第3回は「ツアー交流」と称し、現地で生活する同年代の子どもたちとコミュニケーションをとり、カメラ越しにスラムを散策。そして最終回には、これまでに学んだことを活かし、自分自身がどのように貢献できるかを探究するワークショップを行いました。この特別授業の終了後、生徒たちに変化がみられたと伊藤先生は話します。

「第3回のツアー交流のあと、生徒たちに感想を書いてもらいました。『自分たちの生活がどれだけ恵まれているのか』ということを痛感した生徒が多く、授業の前とあとでは意識が変わったように感じます。一方、苦境のなかでも希望を持って笑顔を絶やさない現地の方々の姿から、勇気をもらったという生徒もいました。大きな課題を前にしたときに、ただ匙《さじ》を投げるのではなく、解決への糸口を探す姿勢の大切さを改めて感じられたと思います」（伊藤先生）

この授業を受けた中学2年の小池志歩さんは、「大きな発見があった」と話します。

「ケニアはいままで、本や写真のなかでしか見たことのない世界でした。今回このようにリアルタイムで現地の人と話してみて、同じ空の下、同じ地球で生きているんだな、と実感しました」（小池さん）

もともと数学や社会に興味があったという小池さんは、特別講義を通じて、より学習への興味が深まったといいます。

「これまではなんとなく海外の人々と話してみたいと思っていましたが、この授業でスワヒリ語など、英語以外の言語にも興味が湧きました」

科目を横断しながら興味の幅を広げる探究授業は、これからの世界を担う昭和秀英生の知的好奇心をより刺激させます。

オンラインでスラムを散策

質の高い一貫教育で トップレベルの進学率を

昭和秀英は「より高い目標に向けて、1人ひとりの夢を叶えること」を理念に掲げ、質の高い一貫教育に取り組んでいます。

「中学受験を経て入学する生徒のなかには、そもそも勉強する意味がわからないという生徒も多くいます。初めのうちは教員が丁寧に寄り添い、そして徐々に自主的に勉強に向かえるように育てていきます。そのなかで、モチベーションを維持するための探究授業があったり、習った知識をアウトプットする機会があったりと、生徒自身が『学ぶことは面白い』と思えるような授業を実践しています」と伊藤先生。中学1～2年では基礎学力の育成に力を注ぎ、中学3年～高校1年にかけては応用力と実力の育成、高校2～3年で進路に合わせた学習を進め、受験を見据えた演習形式の授業を展開しています。国公立大学や難関私立大学への現役合格者数も多く、県内でもトップレベルを走り続けています。

小池志歩さんと伊藤正人先生

のびのびとした環境で 文武両道を実践

充実した環境で、勉強以外にも行事や部活動など、充実した学生生活を送れるのも昭和秀英の特色です。数多くある中高一貫校のなかから昭和秀英への入学を決めたきっかけを、設備面の充実と小池さんは話します。

「都市型の学校はビルのような校舎が多いのですが昭和秀英は建物も大きく、広々とした校庭があるのも魅力的でした」（小池さん）

さらに入学をして驚いたのが、先輩と後輩の仲の良さでした。現在、水泳部に所属している小池さんは、小学校のころとは異なる人間関係を教えてくれました。

「小学生のころは同級生とのつながりがほとんどだったのですが、いまは高校の先輩ともとても仲が良く、みんなと親しくできて嬉しいです」（小池さん）

勉強にも部活動にも真剣に取り組める昭和秀英。新しい自分に挑戦できる環境がしっかり整っている学校です。

学校情報

所在地：千葉県千葉市美浜区若葉１-２
アクセス：JR京葉線「海浜幕張駅」徒歩10分、JR総武線「幕張駅」・京成千葉線「京成幕張駅」徒歩15分
TEL：043-272-2481
URL：https://www.showa-shuei.ed.jp/

学校説明会<HPから要予約>

10月15日(土)14：00～
※日時・内容は変更の可能性があります。
事前にHPでご確認ください。

世界を舞台に活躍する生徒たち

普《ふ》連《れん》土《ど》学《がく》園《えん》中学校

School Information（女子校）　　【タイアップ記事】

所在地：東京都港区三田4-14-16
アクセス：JR山手線・京浜東北線「田町駅」徒歩8分、都営三田線・浅草線「三田駅」徒歩7分、地下鉄南北線「白金高輪駅」徒歩10分
TEL：03-3451-4616　URL：https://www.friends.ac.jp/

ロボットプログラミング国際大会に出場！

普連土学園中学校（以下、普連土学園）は、キリスト教フレンド派婦人伝道会により設立された中高一貫の女子校です。1人ひとりを大切に、すべての人を敬い、世の役に立つ女性を育てることを目標とする同校では、生徒が自ら考え、主体的に行動する、様々な活動が行われています。

そのなかの1つ、「Ｆｒｉｅｎｄｓ Ｆａｂ」は、プログラミングやロボット製作を中心に活動している団体です。近年、ＬＥＧＯ社が主催する世界最大規模の国際的ロボット競技会『ＦＩＲＳＴ ＬＥＧＯ ＬＥＡＧＵＥ（ＦＬＬ）』に毎年出場しており、過去5年間でデンマーク、トルコ、ブラジル3か国の国際大会への出場権を獲得しています。

トルコ大会にて、ロボットの調整をするメンバー

文系・理系を問わず活動する生徒たち

大会のイメージから、理系の生徒のみで活動しているのではと思うかもしれませんが、文系・理系に関わらず取り組めるのがロボットプログラミングの魅力です。実際、中3から高2まで90名ほどいるメンバーのうち、高校生の半数は文系選択者で、ロボット製作やプログラミングに興味・関心のある生徒がともに和気あいあいと活動しています。

ＦＬＬは理系の専門知識の有無を問うのではなく、むしろ与えられた課題を解決するためにチームとしてどのように対策を考え、協力し、行動するかという点に重きをおいている大会です。メンバーのなかにはほかのクラブと兼部している生徒も多いため、各々のペースで放課後、物理室に集まり、各自が具体的な目標を定めて活動しています。

FLL 大会ではプレゼンテーションも重要

生徒たちの主体性を育み可能性を最大限広げる

活動をするなかでより詳しく知りたい事柄や、自分たちでは解決できない問題が現れたときは、プログラミングの講師を学校に招いてアドバイスを求めたり、企業を訪問することもあります。その際も主体はあくまで生徒たちで、教員が具体的な指示を出したり、直接手伝うことはしません。このような学校側の姿勢の背景には、自ら調査・研究する探究型プログラムの推奨という近年の流れがあることももちろんですが、より根本的には、1人ひとりの可能性を大切にし、育んでいくという創立以来の教育理念が大きく影響しています。

主体的に考え、行動することがますます必要とされる現代において、普連土学園の学びは、着実にその力を身につけさせているのです。

2022年度 入試イベント日程

◆学校説明会（Web予約制）
10月12日（水）10：00
10月17日（月）10：00
11月16日（水）10：00
11月21日（月）10：00

◆イブニング説明会（Web予約制）
11月25日（金）19：00

※各説明会・イベントは変更になる場合がありますのでHPをご確認ください。

開智望《のぞみ》中等教育学校の魅力【第3回】

生徒一人一人が主役！主体的に学び「夢」を描く6年間

開智望中等教育学校では、開智学園がこれまで取り組んできた「探究型の学び」に加え、「国際バカロレア教育」のカリキュラムを掛け合わせ、生徒が主体的に学び、活動する環境が整っています。これは学校行事でも同様です。日々の学校生活の流れを積み重ねながら、生徒が自分たちで学校生活を作り上げています。

「探究型学習」で本質的な学びを

開智望の「探究型学習」では、生徒自らが考え、友達とディスカッションをし、「なぜ」を追求することで、様々な問題を解決していきます。

個人探究について発表するW君

日々の学習では、問題の解決のために既存の知識を関連づけられるよう、つねに問いの形式で授業が展開されます。自ら不明点を調査し、未知の問いに対する問題解決を議論し、自分たちで手や体を動かしながら理解していきます。例えば理科では、実物を観察することや実験を通して学ぶことに主眼をおき、自分で仮説や検証する方法を考え、実践します。その結果を考察することで、論理的に物事をとらえていく力や問題に適切にアプローチする力を養います。生徒からは「先行知識があっても悩むような問いが授業中にいくつもあり、考えることが楽しい」というような声が聞こえています。

興味関心を追求して得意を伸ばす「個人探究」

開智望では日々の探究型学習に加え、自分自身の興味関心に対して学びを深める「個人探究」に取り組んでいます。長期休みを中心に、教員からの事前指導や途中過程でのアドバイスを受けながら、自分の興味関心を掘り下げていきます。

この「個人探究」について、1年生のW君にお話を伺いました。彼は開智望小学校6年生の時に「水辺の環境と生物のつながり」の探究を行い、「生物はその場の環境を反映している」ということ、さらに「人間は生物から伝えられたことをもとに環境保全・改善に努めていく必要がある」ということを学びました。

そこで生じた疑問や興味、知識を活かして、今年は「魚をおいしく焼く方法」について探究しています。W君は、自分で仮説を立て検証していくなかで、自分で大学教授にコンタクトを取り、アドバイスをもらいながら探究を進めています。W君は個人探究を経験して、「自分が持った興味を大切にして物事を深く知ろうと思うようになりました。また、人前で自分の探究について発表する経験を通して、伝えるスキルを身につけることができました」と語ってくれました。

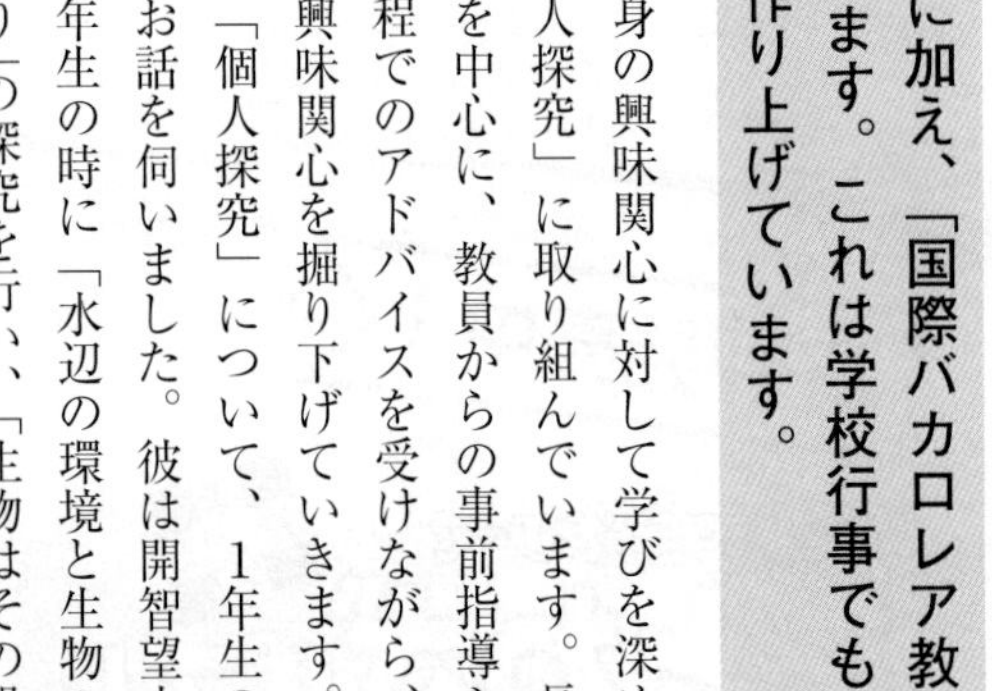

福島の施設で「未来につなごう 震災の記憶」をテーマにインタビューする様子

フィールドワーク 現地だからこそ得られる学び

フィールドワークは、開智学園が実施

する宿泊学習です。開智望では、十分な時間の事前学習から振り返りまでの過程を経て、一つの学びを完成させます。特に大きな特徴は、教師が設定した大枠のテーマをもとに、生徒が主体となってフィールドワークの詳細を検討することにあります。探究するテーマ、学ぶ場所、その工程、フィールドワーク中のルールなど、実行委員を中心に検討を重ねていきます。ここが、単なる校外学習で終わらない、自分たちで組み立てるフィールドワークの魅力なのです。

仲間と共に創る学校行事

　学習活動だけでなく、日々の学校生活でも生徒が主体的に活動していくのが開智望の特徴です。委員会活動では、学校生活をより良くするための活動を自分たちで考え、行動に移し、その結果を振り返りながら実践を進めていきます。それぞれの委員会が課題意識を持って活動することは、その先の「他者への貢献活動」や「奉仕活動」などといった社会とのつながりを意識することに結びついていきます。

　これは学校行事でも同様です。開智望では合唱発表会や体育祭など様々な行事を自分たちで創り上げます。今年度は6月に「Nozomi Music Festival」（合唱祭）を実施しました。実行委員がスローガンを決め、各クラスでそのスローガンとクラス目標を掛け合わせて選曲を行います。また、衣装やダンス、様々な楽器を用いるなどして、自分たちの想いを形にする方法を考えました。うまくいかないことや難しいこともありますが、その度に友達と協力して乗り越えます。その先に、自分たちで創り上げるからこそ味わえる達成感が生まれるのです。

会場と一体になった９年生のパフォーマンス

会場は豊田城跡内にあるホール

2023年度入試の特色

　様々な視点から入学をめざしてもらえるように、開智望は多様なスタイルで入試を行います。

【専願型入試（2科）】12月10日（土）

　開智望を第1志望とする受験生を対象とした入試です。基礎学力を重視した試験で、在校生と共に学びを深めていくのに十分な学力があるかどうかを判定します。

【第1回・2回一般入試（2・4科）】
1月17日（火）・2月5日（日）

　中学受験に向けて学習する算数・国語・理科・社会の学力を問う入試です。入試問題については、同校や開智グループ校の過去問をご参照ください。

【適性検査型入試】12月17日（土）

　作文や長文読解など、思考力や表現力を問う、茨城県の公立中高一貫校の入試形式に沿った試験です。同県中高一貫校入試の過去問をご参照ください。

【開智併願型入試（4科）】
1月15日（日）

　開智中との併願が可能な入試です。開智中と同様の出題内容で、開智中と開智望両校の合否判定がなされます。

【帰国生入試】11月23日（水）

　帰国生やインターナショナルスクール生などを対象とした入試です。英語のエッセイと国語の基本的な内容が出題されます。開智日本橋と開智望両校の合否判定がなされます。

学校説明会

9月10日（土）
10月8日（土）

入試問題ガイダンス

11月5日（土）入試問題ガイダンス（2科・4科型）
11月13日（日）入試問題ガイダンス（適性検査型）
12月25日（日）適性検査型入試対策会

開智望中等教育学校
（共学校）

〒300-2435
茨城県つくばみらい市筒戸字諏訪3400番
TEL 0297−38−8220
https://nozomi.kaichigakuen.ed.jp/
関東鉄道常総線「新守谷駅」きずな橋より徒歩１分

英語が自然に飛び交う環境で 仲間と協力しながら成長できる

広《ひろ》尾《お》学《がく》園《えん》小《こ》石《いし》川《かわ》 中学校 [共学校]

「自律と共生」を教育理念とし、個性あふれる生徒と熱意ある教員が集う広尾学園小石川中学校。そこではどのような教育が行われているのでしょうか。

School Data

所在地：東京都文京区本駒込2-29-1
アクセス：都営三田線「千石駅」徒歩2分、地下鉄南北線「駒込駅」徒歩12分、JR山手線「巣鴨駅」「駒込駅」徒歩13分
TEL：03-5940-4187　**URL**：https://hiroo-koishikawa.ed.jp/

入試イベント

授業体験会　要予約
9月10日(土)　10月22日(土)　両日とも9：30～／14：00～
いちょう祭（文化祭）　9月24日(土)　9月25日(日)
AGガイダンス　要予約
9月23日(金祝)　10：00～／13：00～
10月15日(土)　13：00～　10月29日(土)　10：00～

2期生が入学し ますます活気づく

開校2年目を迎えた広尾学園小石川中学校（以下、広尾学園小石川）。「自分たちの手で学校を作る」という高い意欲を持った生徒が集まり、校内は活気であふれています。

同校に設置されているのは、多様な経験を通して自分の強みに磨きをかける「本科コース」と、世界的視野を身につけられる「インターナショナルコース」の2コース。今回は「インターナショナルコース」について紹介します。

同コースにはアドバンストグループ（AG）とスタンダードグループ（SG）があります。AGはすでに一定レベルの英語力を持った生徒、SGは入学後に英語力を伸ばしていきたい生徒を対象としています。

グループに分かれているものの、AG生とSG生は同じホームルームクラスに所属します。外国人教員と日本人教員のダブル担任制で、ホームルームでの連絡事項はすべて外国人教員によって英語で伝えられます。とまどいをみせるSG生をAG生がサポートし、1学期が終わるころには、SG生の英語力も向上して外国人教員の話すことがわかるようになるといいます。

広尾学園小石川では、入学直後にクラス目標を決めます。左ページで紹介する生徒2人が所属するクラスの目標は「認」。SG生、AG生ともに個性豊かで、とくにAG生は幼少時代を海外で過ごした経験を持つ生徒が多くいます。そうした各々の違いを「認めあおう」と、生徒たち自ら設定したそうです。

なお主要科目の授業は、グループ別に実施されます。AG生は多くの授業を英語で受け、SG生も美術・IT・道徳などは、外国人教員による英語での授業を受けます。

英語が自然に飛び交うなか、学校生活を送ることができる広尾学園小石川。同校の教育は、「夢」が1つのテーマだといいます。

広報部統括部長の矢野将嗣先生が「すでに夢がある生徒にとっては夢をかなえるための場所、まだ夢を見つけていない生徒にとっては夢を見つけられる場所、そんな学校でありたい。校長をはじめ全教員がそう考えて日々の教育にあたっています」と話されるように、熱い思いを持った教員が集まっているのも大きな魅力でしょう。

「インターナショナルコース」教員と生徒の声

どのような学校生活を送れる学校なのか、
そしてクラスや授業の様子などを
「インターナショナルコース」の先生、
生徒のみなさんにお伺いしました。

プレゼンテーションをするAG生

違いを認めて協力しあえる 和気あいあいとした雰囲気

◉ジョエル プランケット先生

「インターナショナルコース」では、AG生とSG生が協力することが大切です。私はAG生とSG生がいっしょに授業を受ける美術を担当しています。英語で授業を行うので、AG生がSG生に説明している姿をよくみかけます。生徒同士の助けあいが、自然と生まれているのは、教員として嬉しい限りです。

同学年だけではなく、教員や他学年の生徒とも積極的に交流できる生徒が集まっているので、学校全体の雰囲気も和気あいあいとしています。

高校の選択科目に、プログラミングやAdvanced Literatureなどの高いレベルの授業が用意されているのも特色です。

生徒には、中高時代に自分と向きあい、得意なことや好きなことを発見し、将来進むべき道を見つけてほしいです。そして、自らの力を周りの人のために使えるように成長してほしいと思います。

◉SG所属　E.I.さん

AGとSGに分かれていますが、グループの壁はなくて、ときにはにぎやかすぎるほど仲がいいです。

どの授業もすごく楽しいですし、定期テスト前の振り返りも丁寧にしてくれます。英語で実施される授業に不安を感じる人もいると思いますが、毎日英語に触れているうちに、先生が言っていることがどんどんわかるようになります。お互いを受け入れる雰囲気があるので、グループワークのときも安心して自分の意見を言えます。

本科コースの生徒といっしょに行う部活動も楽しい時間です。ぼくはバレーボール部に所属しています。みんなで声をかけあって励ましあいながら活動する明るい部です。

勉強はなにか目標を持ってやるのが一番だと思います。「合格したい」という強い気持ちを持って頑張ってください。学校で会えるのを楽しみにしています。

◉AG所属　R.O.さん

海外で色々な経験をしている仲間といっしょに学びたいと思い受験しました。校長先生やほかの先生たちの熱意に感動したのも、入学を決めた理由の1つです。

私の父はアイルランド人です。そのため、これまでも父や親戚の人と話すときは英語を使っていました。入学後は英語に触れる機会がすごく増えたので、さらに力が伸びたのを実感しています。エッセイや論文に挑戦する機会が多く、とくに書く力が上達しました。

また、ほとんどの授業でグループワークが取り入れられているのも特徴です。毎回メンバーを替えるので、色々な人の意見に触れることができます。

広尾学園小石川はみんなで楽しみながら協力しあって成長できる学校です。周りの人に感謝しつつ、自分を信じて努力すれば、きっとその努力を学校が評価してくれて、合格できると思います。

◉福島 理奈先生

私が担当する保健体育は、日本語で授業をします。そのため、SG生がAG生を助けている場面が多いです。ホームルームや美術の授業とは逆ですね。

1つ質問を投げかけると、何人もの生徒が手をあげるので、それぞれがきちんと意見を持っているのを感じます。また臆することなく発言できる雰囲気を、1人ひとりが作り出しているのだと思います。

広尾学園小石川は英語力が伸ばせる学校ですが、それだけではありません。教育理念「自律と共生」のもと、豊かな人間力や優しい心を持った人材を育てる学校でもあります。

本校はまだ開校2年目です。しかし1期生と2期生、そして中学生と高校生が体育祭を中心とした行事を通じて交流し、縦のつながりがすでに生まれています。各々の違いを認めあえる、そんな学校です。

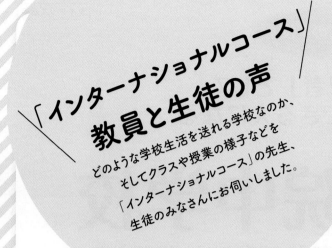

タイアップ記事

輝いてます！この1校

「自律した学習者」として 自ら発信し表現できる人になる

女《じょ》子《し》聖《せい》学《がく》院《いん》中学校

近年、ICT教育に注力し大学入試改革にも対応できる力を養成している女子聖学院中学校。今回は学校独自で行われている多彩な取り組みと、充実したサポート環境についてご紹介します。

女子聖学院中学校（以下、女子聖学院）は、キリスト教教育を土台に、6年間かけて「Be a Messenger ～語る言葉をもつ女性」の育成をめざしている学校です。

「自分に与えられたよきもの（賜《たま》物《もの》）を大切にしつつ、他者のためにも活かす」「社会の課題を理解し、それを自分の問題として探究していく」力を身につけるとともに、「自分の賜物を最大限に活かして大学へ力強く踏み出していくこと」も実現できるように、生徒を的確に導いていきます。

学び続ける力を養成する マイ・コンパスプロジェクト

中学の総合学習の時間は週2時間設定されています。その時間に行われる探究学習では、スクールモットーである「神を仰ぎ人に仕う」をベースに「仕える人になる」を6年間の大テーマに掲げ、自分軸を形成する「マイ・コンパスプロジェクト」を実施。このプログラムは、多様な活動を通して「学び方」を学び、多角的な視点から「学ぶ意味」を見出すことを目的としているものです。生徒は主体的にプログラムに取り組むなかで経験や失敗を重ね、物事に対する理解を深めることで「自律した学習者」として、生涯学び続けられる力を養います。

中1の初めには「学習方略の探究」を実施しています。普段の学習について、その効果を高めるための工夫や、自分にあった学び方についてクラスを越えて話しあい、考える取り組みです。自分にあった学び方について考えることは、自分を知ることにもつながっていくそうです。

毎朝の礼拝を通して、自分と自分の周りの人を大切にできる人へと成長していきます

情報端末の善き使い手を育む デジタル・シティズンシップ教育

「マイ・コンパスプロジェクト」は、2つの教育を土台として実施されています。1つは「デジタル・シティズンシップ教育」です。女子聖学院では2021年度から、探究学習や普段の授業で1人1台iPadを持ち、学習のためのツールとして活用しています。そのため、ICT機器を活用するにあたって、教員、生徒、保護者の3者がともにICT機器について理解を深め、生徒が善き使い手になることを目標とした様々な取り組みを行っているのです。

例えば、生徒はiPadを使うときのルールを総合学習の時間に話しあって決めました。ルールには「授業に関係のないアプリを授業内に開かない」などがあります。生徒たちは話しあったルールをポスターにして、教室の目に留まりやすいところに貼っています。加えて、ポスターにクラス全員が署名することで「自分たちで決めたルールなので、責任を持って守らなければ！」という意識も高まったといいます。

上智大学の先生を招いて行う高大連携教育「JSG大学」

高大連携で行う リーダーシップ教育

ICT機器を活用するマインドとスキルを学ぶとともに、探究活動に

≪「学習方略の探究」をはじめとした多彩な取り組み≫

中1では「学びとは」をテーマに、自分にあった「学び方」について考えます。入学後、4月から9月まで、日々の学びから自分なりの効果的な学習方法を探究し、10月には全員でポスターセッションを行います。

「学習方略」（中1）のポスターセッションの様子

試験対策を考える中1の「期末試験問題検討会」

舘野先生との教育連携のもと行われるワークショップ

欠かせないのは、生徒1人ひとりが自分らしくリーダーシップを発揮することです。女子聖学院では、立教大学経営学部准教授の舘野泰一先生に、同大学で実際に行われているリーダーシップ教育について指導を受けるワークショップを実施しています。チームでプロジェクトに取り組むことで、自己理解を深めていき、自分らしさを活かしたリーダーシップを開発していくことの意義を学んでいます。

1人ひとりの成長と強みを活かした進路獲得へ

女子聖学院は「家庭学習の学校内完結」と「自学自習習慣の確立」をめざす「JSGラーニングセンター」を校内に設置したり、放課後の学習支援として「JSG講座」「学習室」を開設したりと、学習サポート環境が充実しているのも魅力の1つです。

広報室長・佐々木恵先生によると、これらのサポートによって、希望進路をかなえる生徒たちが年々増えているのだといいます。

「今春は、大学に進学した卒業生の約57%が、指定校推薦や公募推薦、総合型選抜で進路が決まりました。この数字はコロナ禍になる前の2018年より約10%増加しています。

こうして推薦入試の合格者が増えたのは、『語る言葉をもつ女性』を育てる本校の教育が実を結んだ結果だと感じます。今後各大学で推薦入試が拡大していくなかで、本校でも一般入試に向けての学力をしっかりと伸ばしつつ、1人ひとりの強みを活かせる推薦入試での合格を獲得するために対策を強化していきます。

例えば高3希望者対象の講座『推薦入試対策プロジェクト』では、志望理由書や提出書類作成のみを念頭におくのではなく、興味・関心のあるテーマを掘り下げ、課題を立てて、大学での学問に結びつけていきます。そうした学習をグループで行い、お互いのよさを引き出しあいながら、みんなで伸びていこうとするところに特色があります。

さらに2020年度からは、『JSG大学』と称して、生徒がよく志願する大学から先生を招いて大学の授業を紹介するプログラムを始めました。

上智大学、立教大学、青山学院大学、東京女子大学などの先生を迎え、中3から高3までの希望者を対象に、ディスカッションやワークショップ形式も取り入れながら、とても興味深い内容で行いました。こうした機会を通して、生徒の視野が広がり、大学での学びにつながることを期待しています」（佐々木先生）

ICT機器を活用した様々な学びと、1人ひとりにあったサポート体制を用意することで、新しく始まる大学入試改革にも対応できる環境を整えている女子聖学院。今後ますます「入って伸びる女子聖学院」として、多くの期待が寄せられます。

【説明会日程】 すべて要予約

学校説明会

9月24日（土）10:30〜11:30
11月11日（金）18:00〜19:00
11月19日（土）10:00〜（6年生限定）
14:00〜（5年生以下対象）

入試問題早期対策会

10月 8 日（土）10:00〜／14:00〜
10月15日（土）10:00〜／14:00〜

英語表現力入試説明会

10月22日（土）10:30〜11:45

入試体験会

12月 3 日（土）8:45〜10:30

※新型コロナウイルス感染拡大防止のため、説明会日程は変更の可能性があります。事前にホームページをよくご確認ください。

女子聖学院中学校〈女子校〉

住　所：東京都北区中里3-12-2
電　話：03-3917-2277
アクセス：JR山手線「駒込駅」徒歩7分、地下鉄南北線「駒込駅」徒歩8分、JR京浜東北線「上中里駅」徒歩10分
URL：https://www.joshiseigakuin.ed.jp

駒込中学校【共学校】

KOMAGOME JUNIOR HIGH SCHOOL

時代の先進校！ 駒込中学校
今年度も続く『本気の教育改革』

目的の異なるふたつの「適性検査型入試」

毎年多くの受験生が受験する駒込中学校（以下、駒込）の「適性検査型入試」。昨年度から目的別のふたつの入試にしぼり、両方とも2月1日午前に実施します。ひとつは都立最難関中高一貫校に準拠した問題で「適性Ⅰ・Ⅱ・Ⅲ」の3科目、もうひとつは区立中高一貫校に準拠した問題で「適性1・2・3」の3科目です。いずれも成績上位者には6種類の特待生制度が適用されます。

2月2日午前入試に「特色入試」＋「英語入試」を実施

2024年の大学入学共通テストより「情報」が科目に追加され、コンピューターによるテストやプログラミングの試験なども予定されています。すでにお子さまをプログラミング教室に通わせているご家庭もあり、身のまわりにある「課題を発見」し、プログラミングしたロボットをつくることでその「課題を解決」する力はますます重視されています。そこで駒込では、「特色入試」としてそれらの力をはかる入試を実施しようと考え、2月2日午前入試に「プログラミングSTEM入試」を行っています。

また、駒込では中学でも高校でも「調べる能力」や「発表する能力」を高める授業を展開。中学入試においても、iPadや図書室の蔵書を使って調べ学習をしたり、「プレゼンテーション資料」を作成してもらったりする「自己表現入試」を同じく2月2日午前の「特色入試」で実施しています。

さらに、英検準2級以上取得者は英語の試験が100点換算で免除となる「英語入試」も2月2日午前に実施しています。このように、多様性あふれる受験生をあらゆる方面から応援する仕組みが整っているのです。

新しい時代の新しい駒込へ！時代の変化を乗り越える力を

駒込は「一隅を照らす」という言葉を建学の精神に据え、仏教を人間教育のいしずえにしています。一方で、全科目の授業でタブレット端末を活用するICT教育や、習熟度別の英語教育など、新しい時代に沿った教育も展開することによって、伝統と革新を調和させてきました。グローバル社会において否応なく新しい時代がやってこようとしているなか、駒込の生徒や教員は失敗を恐れず「まずやってみる」ことを大切にしています。挑戦には失敗がつきものですが、それを繰り返し、新しい時代にふさわしい新しい自分を見つけてもらいたいと駒込は考えています。

時代がどんなに変化しようとも変わらない、人とのつながりを大切にする心を育んだうえで、自分に自信を持ち、仲間とともに乗り越えられる力を身につけさせていきます。

◉学校説明会 要申込

9月17日(土) ①13:15〜14:15
②15:15〜16:15
9月30日(金) 18:00〜19:00
10月15日(土) 14:00〜15:30
10月17日(月) 18:00〜19:00

お申し込みは説明会実施日の1カ月前よりHPにて承ります。

◉個別相談会

お電話にて随時承ります。
お気軽にお問い合わせください。

中2の校外学習（田植え）の様子。生徒にとっては、中学生時代の大切な思い出のひとつになっているそうです。コロナ禍でも感染予防を万全にして実施しています。

SCHOOL DATA

ADDRESS
〒113-0022
東京都文京区千駄木5-6-25
ACCESS
地下鉄南北線「本駒込駅」徒歩5分、地下鉄千代田線「千駄木駅」・都営三田線「白山駅」徒歩7分
TEL 03-3828-4141
URL https://www.komagome.ed.jp/

田園調布学園 中等部・高等部

豊かな人生を歩める人になるために

建学の精神「捨我精進」のもと、協同探求型授業、土曜プログラム、行事、
クラブ活動など体験を重視した教育活動を展開しています。生徒が学内での活動にとどまらず、
外の世界へも積極的に踏み出していくよう後押しします。

オンライン土曜プログラム見学会	10月15日（土）
学校説明会	10月20日（木） 11月 5日（土）
入試直前学校説明会【6年生対象】	12月 3日（土） 12月14日（水）
帰国生対象学校説明会	11月 5日（土）
なでしこ祭	9月24日（土） 9月25日（日）

2023年度入試日程

	第1回	午後入試	第2回	第3回	帰国生 帰国生オンライン
試験日	2月1日（水） 午前	2月1日（水） 午後	2月2日（木） 午前	2月4日（土） 午前	12月4日（日）
募集定員	80名	20名	70名	30名	若干名
試験科目	4科 （国・算・社・理）	算数	4科 （国・算・社・理）	4科 （国・算・社・理）	2科 （国・算または英・算） 面接

※ご参加には本校ホームページのイベント予約サイトより事前予約をお願いいたします。
※各種イベントは、今後変更の可能性があります。必ず本校ホームページでご確認ください。

詳細はHPまたはお電話でお問い合わせください

〒158-8512 東京都世田谷区東玉川2-21-8
TEL.03-3727-6121 FAX.03-3727-2984

https://www.chofu.ed.jp/

https://www.chofu.ed.jp/

新しい取り組みは学園ブログやFacebookにて更新していきます。ぜひご覧ください。

書店に並んだ各誌の受験情報から
来年入試に向けた傾向を読み解く

正答率の高い問題を正答し合否を分ける問題も見抜く

　中学受験に関して、新聞社系の２誌と出版社系の1誌、すなわち朝日新聞出版AERA MOOK『中高一貫校選び２０２３』と読売新聞社『中学受験ガイド２０２３』、ダイヤモンド社ダイヤモンド・セレクト『中高一貫校・高校大学合格力ランキング２０２３年入試版』が書店に並んでいます。各誌の見所をピックアップしておきましょう。

　読売新聞社の『中学受験ガイド２０２３』が「算数力を伸ばせ！」という特集を組んでいます。特集の冒頭にある竹内洋人先生の「算数の本質がわかる5つの良問」という記事は、筆者が主宰する「わが子が伸びる親のスキル研究会」の講師でもある竹内先生が、これはという問題を提示しています。

　同研究会のサイト内に「合否を決めたこの問いを解く」というページができています。閲覧は無料で、アクセスさえすれば、YouTubeで豊島岡女子学園なら豊島岡女子学園の算数の合否の分かれ目となった問題にスポットを当て、その学校の作問者の先生が解説しています。なぜこうしたサイトが有益かというと、これから6年生は過去の入試問題を解いていく時期になりますが、戦略としては、まずはみんなができる問題を解けるようにする、そして合否を分けた問題を落とさないようにする、そういう必要があります。

　しかし過去問自体は、そうした情報を提供してはくれません。これを補うのが、このような情報をくれるサイトです。とくに上位中堅進学校では、努力が報われる「合否を分けた問題」が存在し、しかも丁寧に解説されている例が多いものです。

　志望校攻略には、どの学校を受験するのかという前提が必要です。そのための客観的な指標の最有力は、いわずと知れた「偏差値」でしょう。それと実倍率ですね。後者の実倍率で合格率が出ます。例えば「3倍」だと、３人に１人が合格ですから「30%前後の合格率」だというわけです。そのなかでわが子の合格率を80%に持っていくためには、前者の偏差値が必要です。つまり80%合格可能性のある学校がどこかが、わかることが必要です。

　偏差値でみても、志望校への合格率が50%前後で難しい、と感じたとします。ではどうするか。次の手段があります。それが正答率です。合否を分ける問題の正答率を上げることができれば合格できるわけです。

　そのように考えていくと第１志望校

森上展安の
中学受験WATCHING

もりがみ・のぶやす　森上教育研究所所長。
受験をキーワードに幅広く教育問題を扱う。
保護者と受験のかかわりをサポートすべく「親のスキル研究会」主宰。
（文責／森上展安＆編集部）

については割合みえてくるのではないでしょうか。

いまは2月1日入試校の多くが3倍以上の倍率で、つまり7割近く不合格になります。そこで、どうしても併願校を選定しておく必要があります。

受験者が多い学校の情報から気づけることも多くある

しかし併願校を選ぶのは、これが難しい。そこはダイヤモンド・セレクトの『中高一貫校・高校大学合格力ランキング2023年入試版』が役立ちます。「受験者数ランキング ベスト100校」という表を昨年に引き続き掲載しているからです。この表のよいところは、それこそ併願校の情報が得られることはもちろんですが、第1志望の入試状況を知るためにも便利です。

例えば青山学院横浜英和をみてみましょう。2月1日午前入試のベスト100校中、同校は80位につけています。

しかしこの4年の受験者数順位は41位→53位→66位→81位です。ずいぶんと順位が下降しています。こうしたケースは、倍率が高くて敬遠されていた結果だということが多いのです。

案の定、2月1日入試の倍率は男子が3・4→2・7→2・3→2・4、女子が3・9→3・5→3・8→2・7です。やっと今年の2月1日の倍率が落ち着いてきた結果だということがわかります。

とくに女子は昨年まで3倍台後半でしたから、偏差値をみなくとも易化《いか》してきたことが把握できます。また、女子だけの順位をみますと、26位→29位→37位→45位で、こちらも敬遠されたのちの数字であることがわかります。

ただし2月1日午前の神奈川の女子校、共学校だけに絞ってみていくと、5位フェリス女学院、11位洗足学園、13位中大横浜、23位横浜共立学園、24位日本女子大附属、41位横浜雙葉、44位清泉女学院、45位青山学院横浜英和となり、かつてから人気の難関進学校・有名大学附属校の、すぐ次に青山学院横浜英和がくることがわかります。

つまり神奈川の女子の受験生の人気の高い方に位置しているわけです。

そうなると男子の受験者数が表に出ていないのですが、それもそのはずで、もともと少人数で、さらにこの2年で大幅に少なくなっていたことが少し調べればわかります。

この青山学院横浜英和人気の高まりは6年前の青山学院大学系属校化に端を発します。昨年系属1期生が進学し、在校生の7割が青山学院大学に進学した模様です。まさに青山学院中・高等部となんら遜色《そんしょく》のない実績です。

となると男子の受験生に人気がないことがますます不思議です。このような趨勢《すうせい》を把握できれば現在の男子は出口実績に比べかなり難度、倍率とも低い状況、つまり穴場だとわかりますね。

このように、受験者数の多い学校順位の年ごとの変化は学校の人気のありようを把握するのに便利です。

大学入試の変化に敏感な中学入試の算数問題

AERA MOOK『中高一貫校選び2023』では、巻末の大学合格実績一覧表がおすすめです。例えば雙葉（卒業生175人）と白百合学園（卒業生164人）の実績を見比べてみると、国公立大学52対36、医学科60対62、芸術系7対8、国立難関大学19対16。個別実績では、カトリックの両校ですから総本山の上智大学実績については、34対58で白百合学園の方が高いことがわかります。

最後に大学入試との関係記事もみておきます。やはり中高一貫校だけに中学入試問題の傾向は、大学入試に相当敏感だということです。

ダイヤモンド・セレクト『中高一貫校・高校大学合格力ランキング2023年入試版』には、石田浩一先生の大学入学共通テストの「数学と中学入試の算数」についての論考があります。

石田先生はやはり冒頭で触れた「わが子が伸びる親のスキル研究会」の講師をお願いしています。例年2月1日夕方の御三家＋駒場東邦の算数入試体験会の講師もお願いしています。かつては開成の教諭でもいらっしゃいました。

石田先生は同記事で、大学入試で問われた新しい学習指導の考え方と、中学入試算数との共通点を具体的にわかりやすく読み解いています。

大学入試数学と中学入試算数の両方を、これだけ明確に関係づけて話せる方は多くないと思います。ぜひご一読をおすすめします。

私たちは学校で勉強をしましたが、入試については、長らく塾・予備校で研究されたいわば在野算数・数学といってよいものです。とはいえ本来はアカデミックな系統性を持つもので、「解けた、解けない」というところから少し目を遠ざけて、不思議だなぁ、おもしろいなぁ、という視点に立ち戻ることが考えを深めることに役立ちます。

石田先生の論考から、「解けた、解けない」から目を離しつつも、しかも、どの方向で考え方を鍛えていくか、あるいは深めていくのか、そういうヒントがもらえると思います。

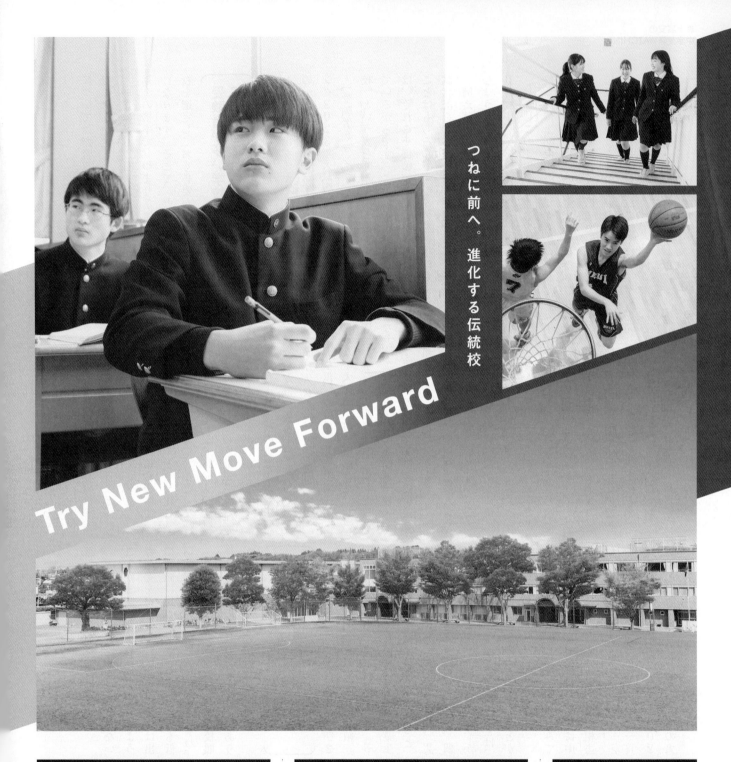

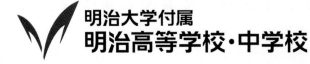

You are the light of the world.
You are the salt of the earth.
あなたは世の光です。
あなたは地の塩です。
マタイ５章13節～15節

そのままの
あなたがすばらしい

学校説明会 Webより要予約

9. 4 (日) 13:00～14:30　終了後 校内見学（～15:00）

10.29 (土) 14:00～15:30　終了後 校内見学（～16:00）

11.19 (土) 10:00～11:30　終了後 校内見学、授業参観（～12:00）

過去問説明会 ●６年生対象 Webより要予約

12. 3 (土) 14:00～16:00

親睦会（バザー） Webより要予約

11.13 (日) 9:30～15:00　生徒による光塩紹介コーナーあり

校内見学会

月に３日ほど予定しております。
詳細は決定し次第、ホームページにてお知らせいたします。

学校説明会、公開行事の日程などは本校ホームページでお知らせいたしますので、お手数ですが、随時最新情報のご確認をお願いいたします。

動画で分かる
光塩女子学院

光塩女子学院中等科

〒166-0003　東京都杉並区高円寺南2-33-28　tel.03-3315-1911（代表）　https://www.koen-ejh.ed.jp/
交通…JR「高円寺駅」下車南口徒歩12分／東京メトロ丸の内線「東高円寺駅」下車徒歩7分／「新高円寺駅」下車徒歩10分

開智の教育

将来の夢を実現させる学びを作る
～可能性に挑戦する6年間～

開智中学・高等学校（以下、開智中）は、専門分野で活躍し社会貢献できるグローバルリーダーを育成するために、より深い専門的な学びができる大学への進学をめざしています。生徒自身の「未来の夢」をかなえるために、志望大学への合格をより確かにする、４つの先端コース制を導入しています。

開智中は、20数年間培ってきた、疑問を発見し、仮説を立て、実験・観察・調査を通して検証し、発信する「探究テーマ」「フィールドワーク」に加え、授業でも「自分で考え、学び、発信する」探究型の学びの実践をベースにますますパワーアップしていきます。

自分で選ぶコース制

入学前の登校日に、４つのコースから一番適していると思うコースを生徒自身で選びます。「探究型の授業」「知識を獲得する授業」「英単語や漢字・計算力をつける繰り返しの学び」など、中1・中2の2年間は、どのコースも授業内容や時間数は同じです。学級活動や道徳・哲学対話の論題、行事などでの取組みが異なります。

中3・高1は、中2の3学期に新たにコース選びを行い、学力別のクラス編成をします。どのクラスも授業の内容は同じですが、より深い内容まで学ぶクラス、幅広く学ぶクラス、丁寧に学ぶクラスなど一人ひとりに適した授業が受けられるように編成します。

〈新４コース〉

【先端ITコース】
東大、京大、東工大、一橋大、早稲田、慶應など、すでに目標の大学が決まっている人向け。めざす大学に向けた基本的な学力を育成。志望大学の先を考えて学ぶコース。

【先端GBコース】
グローバルな仕事、未来の仕事、AIやロボット、新しい社会で挑戦する人向け。「英語の取り出し授業」や英語でのホームルームも実施。

【先端MDコース】
医師、歯科医師、薬剤師、獣医師などをめざす人向け。同じ目標を持った仲間と、医学の基礎になる教科学習をはじめ、「命とは」「人の尊厳とは」など幅広く学ぶコース。

【先端FDコース】
「将来何をしたいか」「どんな大学へ行きたいか」を探し、これから見つける人向け。探究、フィールドワークなどで自分の好きなこと、得意なことを見つけ、未来の目標を決めるコース。

高2・高3は自分で選択する志望大学別コース設定

高1までの基礎学習で得た知識と、フィールドワークや学校生活のなかで育んだ興味、関心に基づいて、将来の自己実現のための進路に適したコースを選択します。

高2からは、自分のめざす大学群の文系・理系・医系・ディプロマ系を決めます。国立文系・理系コース、医系コース、私大文系・理系コース、グローバル系を設定し、各コースとも志望者の人数に応じて、学力別のクラス編成を行い、自分の学力に適した授業を受け、最後まで志望校合格をめざします。

卒業生いち押しの特別講座

「塾に通わずに第一志望に合格でき

■2022年度　学校説明会（要WEB予約）

	日程
第３回説明会	9月17日（土）
第４回説明会	10月29日（土）
入試問題説明会	12月3日（土）

※2022年度の説明会はすべて変更になる場合があります。詳しくは学校ホームページをご覧ください。

英語による探究発表（英国FW代替行事）

新入生オリエンテーション（中学2年生）

部活動も生徒主体（華道部による体験講座）

数学授業風景（中学生）

た」と卒業生は口々に言います。それは、特別講座や直前講座など目的別の対策講座があり、いつでも先生方に質問できる環境がそろっているからです。

高2の10月から開講する「特別講座」は、授業と連動した放課後の講座です。志望大学、科目ごとに設定され、生徒自身が選択し、大学入試の過去問題演習を徹底的に繰り返します。「担当教員が丁寧に指導する講座」、「課題を生徒自らが発見し仲間とともに解決していく探究型講座」があり、高3からは放課後に3時間程度、月曜日から土曜日までの毎日開講します。ほぼ全ての高2・高3が何らかの講座を受講し、大きく学力をアップさせ志望大学への現役合格を勝ち取っています。

学校生活のあらゆる場面で先進的ＩＣＴを活かした学び

開智では、10年以上前から動画授業の制作をしており、電子黒板やプロジェクターを使い始めてから10年近くになります。数年前からＷｉ－Ｆｉ環境を整備し、様々な機器を使う研修を教師自らが行ってきたので、今ではすべての生徒がタブレットやパソコンを使用し、ＩＣＴ機器を活用して授業に取り組んでいます。新型コロナウイルス感染症の影響による休校期間中も、ほとんどのクラスがＷｅｂ、オンラインでロイロノートやＱｕｂｅｎａ、スタディサプリなどの学習アプリを駆使し、ＺｏｏｍやＭＥＥＴを使った双方向の授業を通常に近い時間割で行いました。

開智ではＩＣＴの活用は既に日常の光景です。部活動や委員会の連絡では当然のようにＧｏｏｇｌｅＣｌａｓｓｒｏｏｍが用いられており、生徒会選挙の投票や生徒総会の議決の際にはＧｏｏｇｌｅＦｏｒｍｓによる投票が行われます。個人探究の発表は中学生から高校生までがタブレットでスライドを自作して行います。6月に実施した英国フィールドワークの代替行事では、高2全員がオリジナルのスライドで、日本に留学中の大学生を前に英語発表を行いました。

開智は、未来を生きる生徒の夢の実現のために挑戦を続けていきます。

KAICHI
開智中学・高等学校
中高一貫部（共学）
〒339-0004 さいたま市岩槻区徳力186
TEL 048－795－0777
https://ikkanbu.kaichigakuen.ed.jp/
東武アーバンパークライン東岩槻駅（大宮より15分）徒歩15分

国際バカロレア教育認定校として「夢」を実現する3つのコース

「平和で豊かな国際社会の実現に貢献するリーダーの育成」を教育理念に掲げ、2015年に開校した開智日本橋学園中学校。今春2期生が、海外大学も含めてそれぞれのめざす道へ巣立っていきました。東京都23区にある私立校で初めて、国際バカロレアの国際中等教育プログラム（MYP）、ディプロマプログラム（DP）認定校となり、開智学園で長く培われた創造型・探究型・発信型の教育を取り入れ、生徒の能動的な学びを深めた21世紀型教育を行っています。

「生徒が決める」主体的な学校生活

「平和で豊かな国際社会の実現に貢献するリーダーの育成」が開智日本橋学園の教育理念です。多様性に富む社会に羽ばたくためには、既存の技術をただ活用する能力ではなく、新しい技術を自ら創造・開発していく発想力や行動力が必要不可欠です。生徒は日頃の授業、学校行事などを通じて、他者の指示を待つだけではない、主体的かつ能動的な行動力と「国際社会」が求める想像力、探究力、発信力を培います。

生徒には学校生活のすべてで「自分の意志でチャレンジすること」を常に意識してもらっています。例えば、入学式の翌週に行われる「TBC（Team・Building・Camp）」では、3日間、中学2年生が新入生と共に校外で過ごします。この時の日程、班構成などはすべて実行委員を務める生徒が運営します。右も左もわからない新入生の手をひいて、「先輩」として学校生活とはどのようなものか、「探究」とはなにかを生徒が生徒へ伝えていきます。他者と協働して物事に取り組む喜びや難しさ、教訓を数多く味わい、積み重ねることで、大きな社会へ羽ばたく人間に育ってもらえることを、開智日本橋学園は願っています。

「机に向かうだけではない」主体的に学ぶ探究型の授業

開智日本橋学園は、文献や電子機器から情報を取得してまとめるのではなく、本物の「智」として身につけ、他者に自ら発信したり行動した

2022年度　開智日本橋学園入試イベント

■学校説明会(要予約)　※開催日の約１か月前に、HPよりご予約いただけます。

9月19日(月・祝)10:00／14:00 ※授業体験会あり
10月29日(土)10:00／12:30
11月12日(土)10:00／12:30
12月 3日(土)10:00 ※出題傾向説明会
12月17日(土)10:00／12:30
1月14日(土)10:00

■帰国生対象説明会

10月15日(土)10:00

※今後の社会情勢等の理由により日程が変更になる場合がございます。

りできる力を持った人材の育成をめざします。授業では教師から「疑問」が投げかけられます。生徒はその「疑問」を様々な角度から考え、仲間と調べ、議論し、解決していきます。生徒が見つけ出した答えと、その過程こそが真の「智」であり、生徒自らが学ぶ姿勢とともに高められる大きな力です。教えてもらう時を待つのではなく、自ら批判的に物事を考えて課題を発見したり、仲間をはじめとする多くの人とコミュニケーションをとったりすることが「探究型の授業」最大の特徴です。自ら行動し、学ぶ授業であるため、生徒の学習意欲はとても高まります。

英語「で」学ぶ 使える英語教育

　開智日本橋学園には10名を超えるネイティブスピーカーが在籍しています。全員、フルタイム勤務の教諭です。教科は社会、美術など様々な科目を担当しながら、毎日、生徒と英語でコミュニケーションをとります。

　また、バイリンガルの教諭たちとともに、日々全校生徒に「使える」英語教育を実践しています。授業外の昼休みにお弁当を抱えた生徒に「What do you have for lunch?」、放課後部活動でストレッチに励む生徒に「When will you play the next time?」等々、いたるところで英語で話しかけます。中には担任を務める教諭もいて、教室で「Let's clean the classroom!」と声をあげて生徒と掃除をする姿も見られます。

　生徒も最初こそはただたどしい受け答えしかできませんが、少しずつ「英語を話してみよう」という気持ちを起こし、英語を駆使してコミュニケーションを取り始めます。英語を使うことへ気を張ることがなくなり、英語を使ってプレゼンテーションをしたり、プロジェクト学習をしたり積極的に英語を使うようになります。

　開智日本橋学園の英語教育は、英語を学ぶことがゴールなのではなく、英語を使って学ぶことなのです。

「夢への道を決めて入学する」出願時に決める3クラス

　1年生から4年生までの4年間は、3つのコースで学んでいきます。

　グローバル・リーディングコース（GLC）は世界各国からの帰国子女や英語力が特に優れた生徒が集まり、海外トップレベルの大学をめざします。デュアルランゲージコース（DLC）は基礎から英語を学び始める生徒が、国内および海外の大学をめざします。

　リーディングコース（LC）は大学進学をめざし、しっかりとした知識と学力を定着させるため、先取り型の学びを行っています。すべてのコースは、IBの教育理念のもと、国際中等教育プログラムを実践しています。

　3つのコースは学力的な「上下」で設定されているのではありません。自分の「夢」をめざす進み方で分かれている3つの道です。どのコースを受験するかは、出願の際に選択することができます。

　すべての授業が探究型、協働型の学びを掲げており、すべてのコースで「英語で学ぶ」姿勢を持った英語教育を展開しています。

開智日本橋学園中学校

〈共学校〉

〒103-8384 東京都中央区日本橋馬喰町 2－7－6

TEL　03-3662-2507

https://www.kng.ed.jp

〈アクセス〉

JR総武線・都営浅草線「浅草橋駅」徒歩3分

JR総武線快速「馬喰町駅」徒歩5分

都営新宿線「馬喰横山駅」徒歩7分

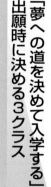

教えて中学受験

6年生へ

帰国生が多い学校を選択肢に入れており、入学することのメリットについて知りたいと考えている受験生の方へ

Advice

様々な文化の違いや海外の様子を友人から見聞きすることができ、将来、海外留学を考える際にもプラスになります。

海外での生活経験がある生徒を積極的に入学させる工夫をしている私立中高は、確実に増えてきています。

こうした試みの目的の1つには、学校生活で多様な価値観を体得できることがあります。日本国内とは違う環境で生活してきたクラスや校内の友人から、様々な文化の違いや海外の様子を見聞きできることは、一般の生徒にとって大きなメリットとなります。

一方で、帰国生の割合が高い学校であっても、学校生活や友人関係という面では、どの学校の生徒もまったく無理なく過ごしているようです。例えば、学校生活のなかで、お互いに親しくなってから、「ああ、友だちは帰国生だったんだ」と気づくこともあるといいます。友人関係やクラスメイトとして、帰国生であるかどうかは問題ではないのでしょう。

また、中高時代に帰国生が多い環境で過ごすという経験は、大学生になってから海外留学を考えていく際に、プラスに作用することが多いと思います。中高時代の友人が住んでいたのと同じ国への留学を検討するときに、その友人から色々な情報を得ることができるため、結果として知らない国に行って勉強するという心理的ハードルも低くなります。

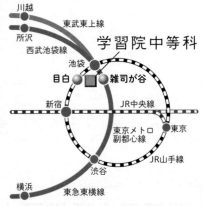

疑問がスッキリ！

保護者の方へ

複数校の受験では、どうしても入試時期のスケジュールが過密になってしまうため、親として事前にしておくことはないかと考えている保護者の方へ

Advice

入試前にご自宅から学校までの交通手段と所要時間を確認しておくことをおすすめします。

近年、複数校の併願受験は当然のことになってきていますが、出願校が4～5校と多くなったり、同じ学校の異なる入試日程での受験をしたりするなどの事情で、入試時期はかなり過密なスケジュールとなることがあります。

保護者の方ができるサポートとしては、中学受験ではお子さんといっしょにその保護者が学校へ同行するため、自宅から学校までの移動手段と所要時間を確認しておくことをおすすめします。

入試当日の移動は朝の通勤・通学時間と重なることが多いため、余裕をもって到着できるよう、同じ時間帯に学校まで行ってみるのもいいでしょう。

午前中の入試のあとに他校の午後入試を受験する場合には、昼食の場所に加え、移動手段と所要時間を確認しておくことも必要です。

また、入試日程が過密になる場合、当然ですが合格発表も次々になされます。昨今はインターネットで合格発表を行う学校が増えていますが、学校での掲示発表のみの場合もありますので、だれが合格発表を見にいくのかを確認しておくといいでしょう。

一番心配なのがお子さんの体調でしょう。日々の会話は、励ましはもちろん、健康管理にもつながりますので大切にしてください。

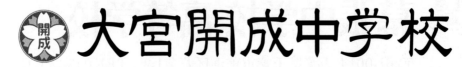

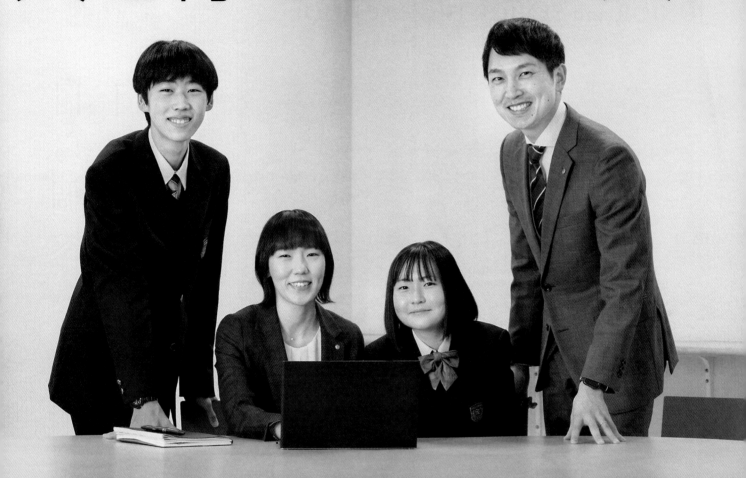

＼入試によく出る時事ワード／

少子化

2021年の人口動態統計による日本の出生者数（確定値）が厚生労働省から発表されました。2020年より2万9231人少ない81万1604人です。81万人という出生者数は1899年に統計を取り始めてから最も少ない数字です。厚生労働省は同時に亡くなられた方も発表しました。143万9809人で戦後最多です。単純に引き算すると、日本の人口が１年間に約63万人減少したということです。これは千葉県船橋市の人口がそっくりなくなったのと同じ勘定です。自然増減数は15年連続して減少しています。

女性が一生の間に子どもを産む特殊出生率も、全国平均で0.03ポイント下がって1.30（人）となりました。特殊出生率が高かったのは沖縄県の1.80、次いで鹿児島県の1.65、宮崎県の1.64の順ですが、最低は東京の1.08、次いで宮城県の1.15、北海道の1.20の順です。

図１　出生数及び合計特殊出生率の年次推移

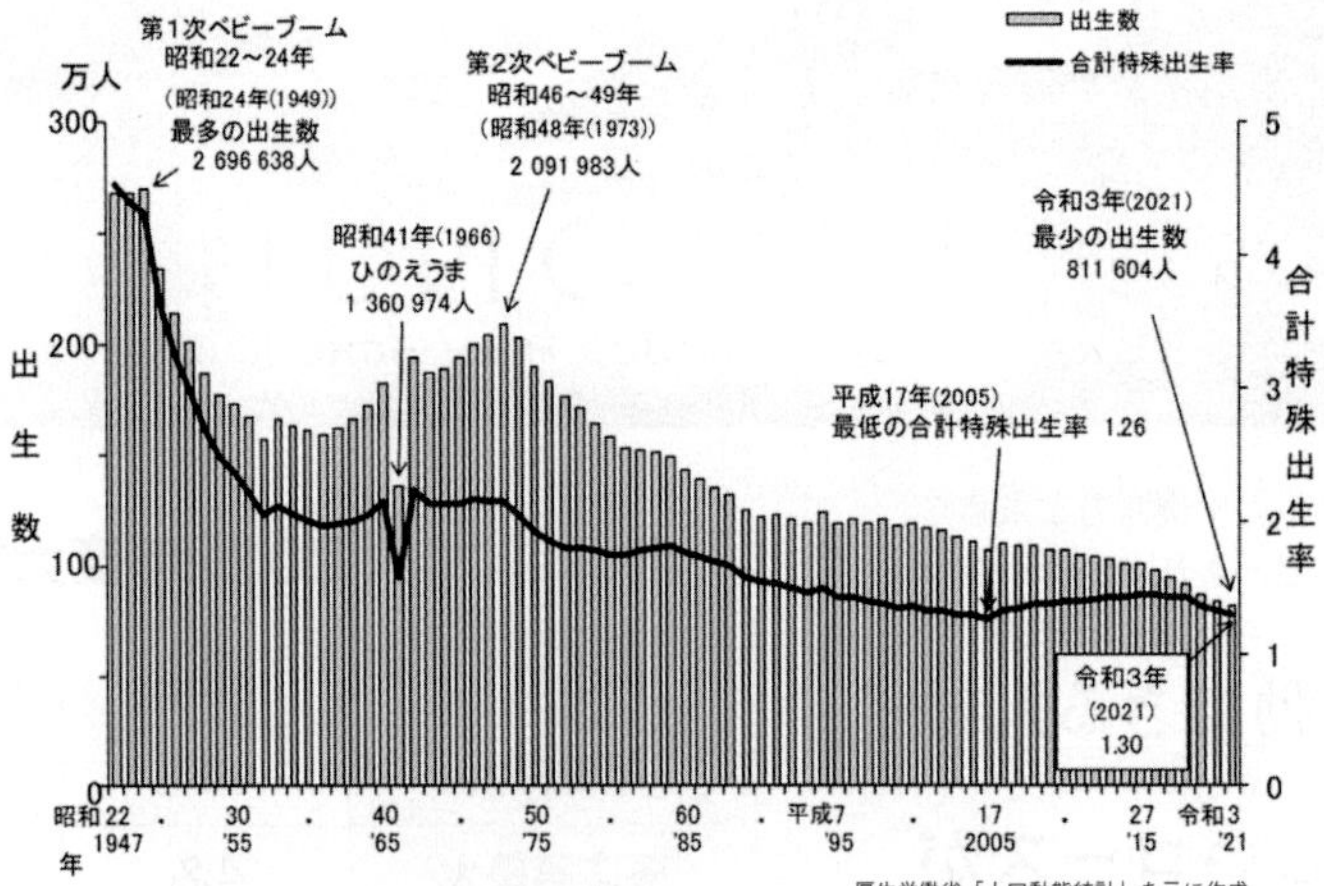

厚生労働省「人口動態統計」を元に作成

第１次ベビーブームといわれた1947、1948、1949年の出生者数はそれぞれ約270万人です。前後の1946年生まれと1950生まれを足すと計約1250万人となります。そのときの子どもたちは団塊の世代といわれます。３年後には、団塊の世代の最後である1950年生まれが後期高齢者になります。少子高齢化はますます進みます。これを「2025年問題」といいます。

団塊の世代のあと、出生者数は減り始め、1953年に約186万人と200万人を割り、以後、百数十万人規模で推移しました。

しかし、団塊の世代が親となる第２次ベビーブームと呼ばれた1971年から４年間は毎年200万人を超えました。ですが、1975年からは再び下降線をたどり、1983年には約150万人、1992年には約120万人、そして2016年にはとうとう約97万人と100万人を切ってしまいました。そして2020年の速報値は約87万人で、これは「87万人ショック」といわれましたが、速報値には日本に住む外国人や海外に居住している日本人も含みます。ですから、今回の数値（確定値）は速報値よりもかなり少なくなっています。

昨年の確定値は約81万人ですが、激減した理由には新型コロナウイルス感染症の拡大も指摘されています。妊娠して病院に行くことをためらう人や、妊娠中に感染することを恐れる人がいたためと思われます。新型コロナウイルス感染症の終息がみえない現状では、2022年の出生者数が80万人を切ることは必至ともいわれています。

このままいくと2050年には日本の人口は１億人を割り込み、2100年にはいまの半数程度になるという試算もあります。

こうした危機に政府は手をこまねいているわけではありません。閣僚に少子化担当大臣を設け、2003年に少子化社会対策基本法を制定、2006年には少子化社会対策会議を開いて、いくつかの取り決めをしました。

まずは意識改革。家庭を大事にする意識。子どもは家庭だけではなく、地域も含めて育てるという意識を持つこと。

続いて子育て支援。妊娠出産の負担軽減、不妊治療への助成、子育て手当の加算などなど。さらには女性の働き方改革、保育所の充実などがあげられています。

しかし、こうした施策を行ってきたにもかかわらず、状況は一向に改善されていません、むしろ悪化の一途をたどっています。

例えば不妊治療ですが、これまでは保険適用外でした。病気ではないというのがその理由ですが、不妊治療費は高額です。若い夫婦にとっては簡単に支払える額でありません。これは今年の４月から保険適用になりましたが、遅きに失したといえるでしょう。

また、保育所、幼稚園などの施設も需要を満たすところまでにはいっていません。国をあげて抜本的な対策に取り組まないと、日本の人口減少は加速の一途をたどっていくことになってしまいます。

入試問題ならこう出題される

⇩

基本問題

2021年の人口動態統計による日本の出生者数（確定値）が［①　　　　］省から発表されました。

2020年より約［②　　］万人少ない、約［③　　］万人です。

約［③　　］万人という出生者数は1899年に統計を取り始めてから最も少ない数字です。

第１次ベビーブームといわれた1947、1948、1949年の出生者数はそれぞれ約［④　　］万人です。前後の1946年生まれと1950生まれを足すと、計約［⑤　　　］万人となります。そのときの子どもたちは［⑥　　　］の世代といわれます。

女性が一生の間に子どもを産む［⑦　　　　］率も、全国平均で0.03ポイント下がって1.30（人）となりました。

2021年に出生者数が減った理由の１つには［⑧　　　　　　　］感染症の拡大もあげられています。

国は2003年に［⑨　　　　　　］基本法を制定、2006年には［⑨　　　　　　］会議を開いて、少子化対策に乗り出しました。

発展問題

進む国内の少子化について、これからの日本はどんなことを考えていくべきだと思いますか？　あなたの考えを150字以内で記しなさい。

基本問題　解答

①厚生労働　②３　③81　④270　⑤1250　⑥団塊　⑦特殊出生
⑧新型コロナウイルス　⑨少子化社会対策

発展問題　解答例

現状を急激に好転できる決定的な対策はないようです。しかし少子高齢化、人口の減少スピードは速く深刻です。公的年金制度など社会保障制度の見直しはもちろんですが、そのなかにあっても高齢者が生活しやすい国にしていくことも必要です。少子高齢化や人口減少を前提にした社会作りへと発想を転換すべきでしょう。（146字）

これが「国学院久我山らしさ」

生徒のために。生徒とともに。

国学院大学久我山中学校のICT活用

国学院大学久我山中学校では、新型コロナウイルスの感染拡大に伴い、学校生活の様々な場面におけるICT活用が一気に進みました。そして、国学院久我山のICT活用は、ただ便利さを追いかけるのではなく、つねに生徒のあらゆる面での成長を促すためという前提のもとに行われているのが大きな特徴です。

School Data　【男女別学校】

Address	東京都杉並区久我山1-9-1
TEL	03-3334-1151
Access	京王井の頭線「久我山駅」徒歩12分
URL	https://www.kugayama-h.ed.jp/

※最新の学校説明会・イベントについては学校HPをご覧ください。右上のQRコードからのアクセスが便利です。

「ＢＹＯＤ方式」で各自が自分に最適なデバイスを判断

１９４４年、日本の将来に貢献できる若者を育てようと、岩崎清一氏によって開校された国学院大学久我山中学校（以下、国学院久我山）。その際に掲げられたのが学園三箴《さんしん》「忠君孝親・明朗剛健・研学練能」です。

言葉だけを見ると、やや古く感じられるかもしれませんが、様々な教育活動を通して、青年期に「心の力・体の力・頭の力」を鍛えようという思いが込められています。

この学校創設からの思いは、時代が変化するなかでも変わることはありません。

新型コロナウイルスの感染拡大により、教育活動に様々な制約がかかったこの3年間も、国学院久我山は試行錯誤を重ねてきました。

その1つとして、ＩＣＴ活用の拡大があります。

ＩＣＴ委員会の梶善之先生は「本校はＩＣＴの導入については、他校に比べて早かったり、特別だということはありません。あくまで基本方針に基づいて活用方法を検討し、進めています」と話されます。

基本方針とは

１：ＩＣＴ機器を活用し、「久我山の建学の精神」に基づいた「心の力・体の力・頭の力」を効果的に育てる。

２：ＩＣＴ機器を活用して、生徒の主体的な学びを促し、学習効果を高める。

という2つです。

大きな特徴は「ＢＹＯＤ方式」による授業でのデバイス活用です。

ＢＹＯＤとは、「Bring Your Own Device」の略称で、生徒それぞれが所有しているデバイス（スマートフォン、タブレット端末、ノートパソコンなど）から、使いやすいものを持ち込み、学校での授業などに活用しています。

「現在、本校では、今年度入学した中学1年生からタブレット端末の用意をお願いしています。授業内容によっては、タブレット端末よりスマートフォンの方が使いやすい生徒がいます。逆にスマートフォンよりタブレット端末の方が使いやすい生徒もいます。なかには、キーボードの方が入力しやすいためにタブレット端末にキーボードをつける生徒もいます。それぞれが自分たちで考えながら、自分に最適な形でデバイスを

使用しています」（梶先生）

国学院久我山らしいICT活用とは

　国学院久我山では、現在、生徒とその保護者にGoogleアカウントを配布し、授業での活用はもちろんのこと、生徒と教員、学校と保護者の間のやり取りなどに活用しています。この3年間で一気にICT活用の幅は広がりましたが、国学院久我山らしさは別のところにあると梶先生は説明されます。

「生徒からスマートフォンを含む各種デバイスを緊急時の連絡手段として学校に持ち込みたい、という要望がありました。それに対して、以前は特別に許可を得た者のみ持ち込み可、というルールでした。しかし各種デバイスを授業で活用するようになってからは、本校では『各種デバイスは文房具と同じ』という考えに転換し、そのデバイスの使い方については、生徒たち自身にも考えてほしいと思いました。

　そうすると、生徒会の方から、デバイス使用についてのマナーがよくないから、啓発動画を作りたいという申し出がありました。『久我山生の1日』を表した動画なのですが、これがまたよくできていて、我々も驚きました。

　このように、基本方針に沿った形で、生徒が自ら考え、発信して学校生活に役立てていくことこそが、本校らしさだと感じています。学校側からタブレット端末を全員に配布するという方法もあると思いますが、そうすると、どう使うのか、どう使い分けるのかといったことにも気づかないと思います」

生徒会が自分たちで作成したデバイス使用のマナーに関する啓発動画

　ほかにも、生徒会の役員選挙では、投票をGoogle Forms（無料で使用できるインターネット上の書類やアンケートの作成サービス）でやりたいと申し出がありました。文化系の部活動でのアイディア出しなどにも積極的に活用されています。

「授業のなかにおいては、例えば、教員が『ペーパーレス』を進めるためにPDFでプリントを配布したとしても、生徒から『書き込むためにプリントでほしい』と言われることがあり、またその逆もありました。このようにICTの活用の仕方について生徒から学ぶということも多いです。そういう意味でも、本校のICT活用というのは、教員と生徒がいっしょになって作り上げているといっていいと思います」（梶先生）

　体育祭や文化祭、卒業式後の各クラスの最後のホームルームのオンライン中継など、学校生活においてもICT活用は進んでいますが、一方で今年度の入学式は中継せず、大きな会場を借りて新型コロナウイルスの感染対策を講じて実施しました。あえてライブ感を大事に、保護者も参加できる形にしているのが「国学院久我山らしい」ところです。

「保護者の方々へ、これからICT活用を進めていきますという説明をさせていただいたときには、たいへん驚かれた保護者もいたようです（笑）。それぐらい昔気質の学校だと思われているということなんですね。確かに派手な取り組みはしていませんが、デジタルとアナログのよさを融合しつつ、生徒とともにICTの活用を本校らしく進めていくことができているのではないでしょうか」（梶先生）

　今回ご紹介したICT活用の一面からも伺えるように、伝統を大事にしながらも、生徒のこれからを考え、いまの時代に必要なものを恐れずに取り入れていくことができる、国学院久我山はそんな学校です。

細やかなコース設定に基づく「徹底面倒見」の英語教育

富《ふ》士《じ》見《み》丘《がおか》中学校【女子校】

School Information

所在地　東京都渋谷区笹塚3-19-9
アクセス　京王線「笹塚駅」徒歩５分
TEL　03-3376-1481
URL　https://www.fujimigaoka.ac.jp/

富士見丘中学校は、「国際性豊かな若き淑女」を育成するために、多彩な国際交流プログラムや、慶應義塾大学をはじめとする大学と連携した探究学習など、様々な取り組みを実践している学校です。そのなかから、英語教育について詳しくご紹介します。

手厚い指導によって飛躍する大学合格実績

2015年～2019年に文部科学省よりスーパーグローバルハイスクール（SGH）の指定を受け、2020年度からワールドワイドラーニング（WWL）コンソーシアム構築支援事業拠点校の指定を受ける富士見丘中学校（以下、富士見丘）。

SGH指定期間中に開発し、その後も継続する数々の取り組みや、WWL指定校として導入した新たなプログラムなどを通して、国際社会で活躍できる力を育んでいます。なかでも定評があるのが、4技能を丁寧に伸ばす英語教育です。

「本校では、全員が学習歴と習熟度に応じて存分に力を伸ばせるように、細やかなコース設定をしています。英語教育に特化したコースのみ手厚い指導を行う学校もありますが、本校は1人ひとりの習熟度に応じて4技能を伸ばすプログラムを準備していますし、だれに対しても徹底的にフォローの手を差し伸べています。普段の授業のみならず、宿題でも4技能のバランスを考慮しています」と話すのは、英語科主任の町田寛未先生です。

このような丁寧な指導が実を結び、近年は大学合格実績も堅調な伸びを示しており、海外の有名大学に進学する生徒もいるといいます。

進学実績が伸びた要因について佐藤一成副教頭先生は、「SGHやWWLの取り組みのなかで培ってきたノウハウが活きていると感じています。SGH指定を受ける前から英語教育に力を入れ、色々な国際交流プログラムを用意してきましたが、指定を受けたことによって、学校全体が1つにまとまって、より高みをめざすようになりました。

生徒も積極的に様々なことにチャレンジしていて、英語検定上位級取得者や外部コンテスト入賞者も増加の一途をたどっています。その実績を活用して多数の生徒が総合型選抜で大学合格を果たしているのも特色で、学校推薦型選抜での進学を含めると割合は卒業生全体の7割におよぶ年もあります」と話されます。

2022年度卒業生の進学先（中学入学の卒業生29名より抜粋）	
早稲田大学 国際教養学部	1名
慶應義塾大学 看護医療学部	1名
上智大学 外国語学部	1名
国際基督教大学 教養学部	1名
青山学院大学 文学部	2名
立教大学 理学部	1名
立教大学 経営学部	1名
立教大学 コミュニティ福祉学部	2名
成城大学 文芸学部	1名
成蹊大学 理工学部	1名
成蹊大学 文学部	1名
明治学院大学 社会学部	1名
東京農業大学 生命科学部	1名
日本女子大学 文学部	1名

授業でも宿題でも意識するのは4技能

では実際に、どのような英語の授業が行われているのでしょうか。

まず中1の授業は週に6時間で、内訳は日本人教員による読解と文法の授業が3時間、ネイティブスピーカーの教員と日本人教員とのチームティーチングで行う授業が2時間、ネイティブスピーカーの教員のみで行う英会話の授業が1時間です。中2はこれらにオンラインスピーキングが加わり計7時間、中3はエクステンシブリーディング（多読）が加わり計8時間になります。

ネイティブスピーカーの教員がかかわる授業は、習得した語句や文法を試す機会として活用されています。様々なアクティビティーが用意されているので、生徒は英語を使ってコミュニケーションをとるのが楽しくて仕方がないという様子で授業に臨んでいるといいます。

また、多読は図書館にある洋書（3000冊）から好きなものを選んで取り組みますが、ただ読んで終わりではないのが富士見丘ならではです。3000冊すべてに関して10問ずつテストを用意しており、生徒は1冊読んだらパソコン上でそのテストを受け、合格できない生徒がいた場合は教員が手厚くサポートするというスタイルをとっているのです。

さらに特徴的なのは、前述のように宿題でも4技能を意識していること。平日は授業の予習・復習に関する宿題を出し、こまめに実施する小テストで到達度を計測。週末に取り組む課題として、日記やエッセイ、リスニング、音読などを設定し、音読は音声を吹き込んだそれぞれの発音を教員がチェックするという徹底ぶりです。

「それぞれと丁寧に向きあうことで、1人も置き去りにすることなく全員の力を引き上げています。これだけ英語に触れる機会が多いと、英語が苦手な場合はますます苦手意識を持ってしまうのでは、という心配の声も寄せられますが、そういうお子さんにこそ、ぜひ本校に入学していただきたいです。ここまで手厚いフォロー体制が整っている学校はなかなかないと思いますし、たとえ本人が英語の学習に消極的でも、こちらから積極的に声をかけていくので、どんな生徒でも英語の力を伸ばせると思います」と町田先生。

こうした生徒を徹底的にサポートする姿勢は英語教育だけにとどまらず、各教科の授業、さらには進路指導においてもみられます。

「入学時には成績が伸び悩んでいた教科があったとしても、生徒が希望進路に進むための万全の体制を整えているので、毎年多くの生徒が夢をかなえています。

勉強以外のことに目を向け、そこで生まれた興味関心がきっかけとなって、学習意欲が高まることもあると思います。本校はそうした意欲が芽生えるような、色々なプログラムも用意しているので、それらもぜひ活用してほしいです」（佐藤副教頭先生）

進学情報誌の「6年間で伸びる進学校ランキング」で上位にランクインするなど、近年注目が高まっている富士見丘。今後の伸びにも期待が高まります。

ここがすごい！ 富士見丘の英語教育

毎週取り組むエッセイライティング

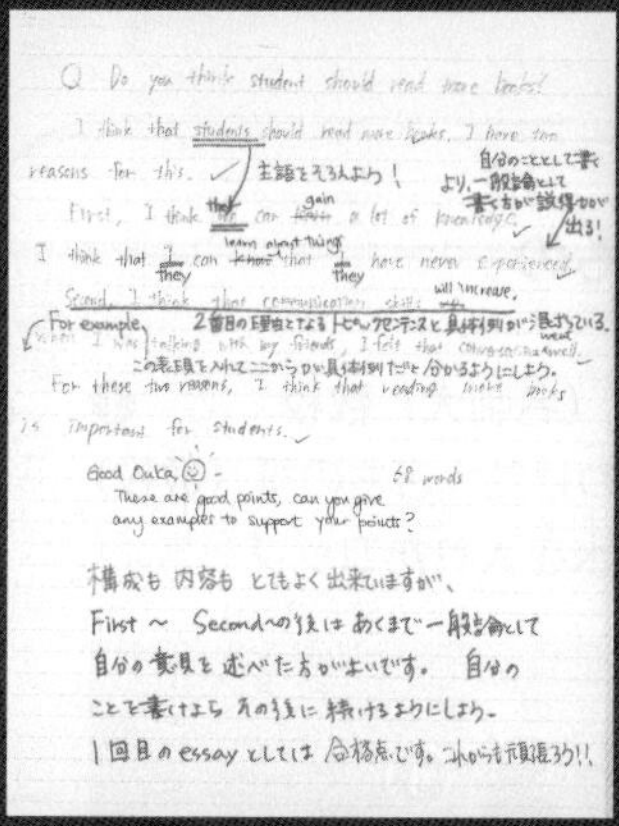

中1は日記、中2以降はテーマに沿ったエッセイに挑戦します。日本人教員とネイティブ教員の「コラボ添削」を受け、翌週に書き直しを行うことで、生徒たちの書く力はメキメキと上がっていきます。

振り返りまでしっかりとオンラインスピーキング

振り返りシートに、その日のやり取りをできる限り再現し、そこで気づいた反省点を翌週の授業に活かしています。

「『なんとなく話せた』で満足するのではなくて、より質の高い会話ができるように工夫しています」（町田先生）

その場限りで終わらない
「自己評価＋振り返り」で学びのポートフォリオを

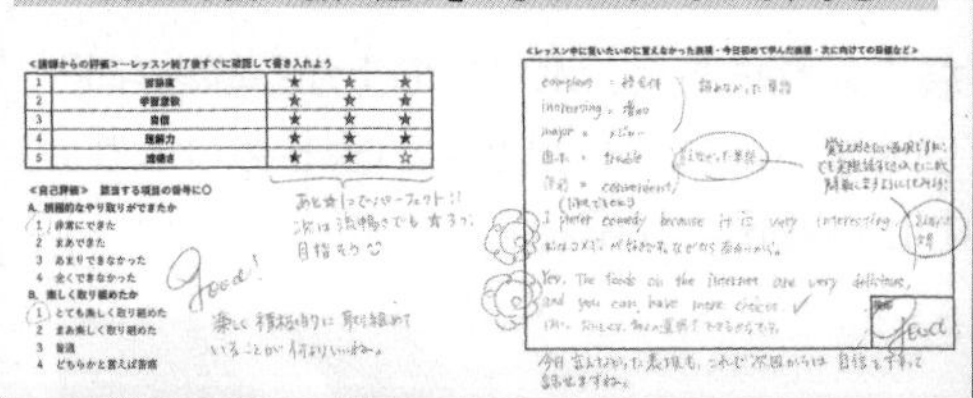

高い英検取得率 4技能の確かな成果

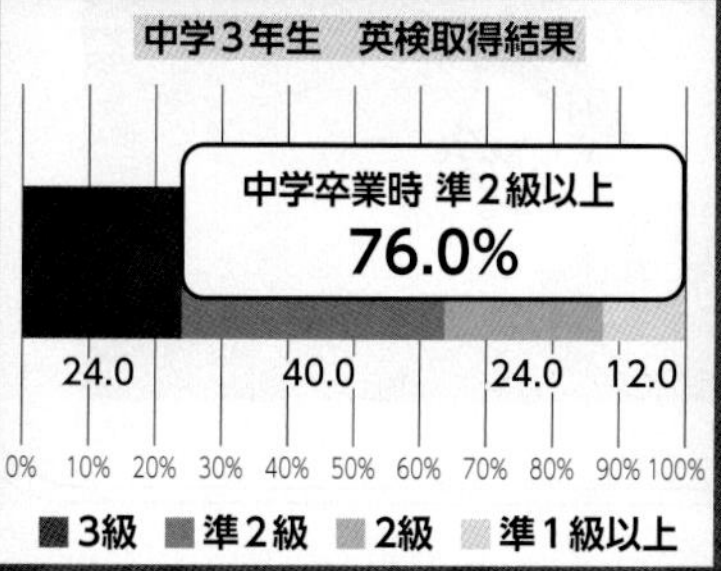

「2021年の中3生は、準2級以上が76%、全員が3級以上に合格しました。生徒1人ひとりの4技能の伸びが確かな成果となっています」（町田先生）

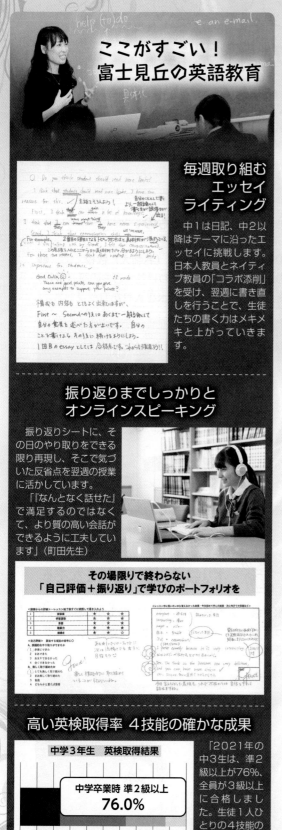

＼親子でやってみよう／

科学マジック

水と空気と光の不思議

まだまだ暑いので、今回は水を使った涼しげなマジックにしました。

ご家庭に薬をもらったときなどに使った、チャックつきの小さなポリ袋があれば透明な面が使えます。

なければ100円ショップでも手に入ります。

油性のサインペンを手に、さあ始めてください。

step 1 用意するもの

①チャックつきポリ袋（名刺大）数枚　②　❶のポリ袋のサイズに合わせた大きさの紙（数枚）　③油性サインペン　④水を入れたコップ

step 2 袋に入れる紙にイラストを描く

ここでは泣いている男の子のイラストを描きました。

step 3 ポリ袋の上からも線をなぞる

ポリ袋に入れたあと、ポリ袋の上から線をなぞっていきます。ただし描かない線もあります。そのわけは秘密、秘密。

step 4 もう１枚の紙にも描く

もう１枚の紙にもイラストを描きます。ここでは、子ライオンの絵を描きました。

step 5 ポリ袋の上から線をなぞるけど…

こちらの紙もポリ袋に入れ、袋の上から、油性サインペンでイラストの線をなぞります。ただし、描かない線もあります。

step 6 ポリ袋をコップの水に差し入れる

準備ができたポリ袋２枚です。ポリ袋の上からも線をなぞっているので、二重に見えるところもあります。

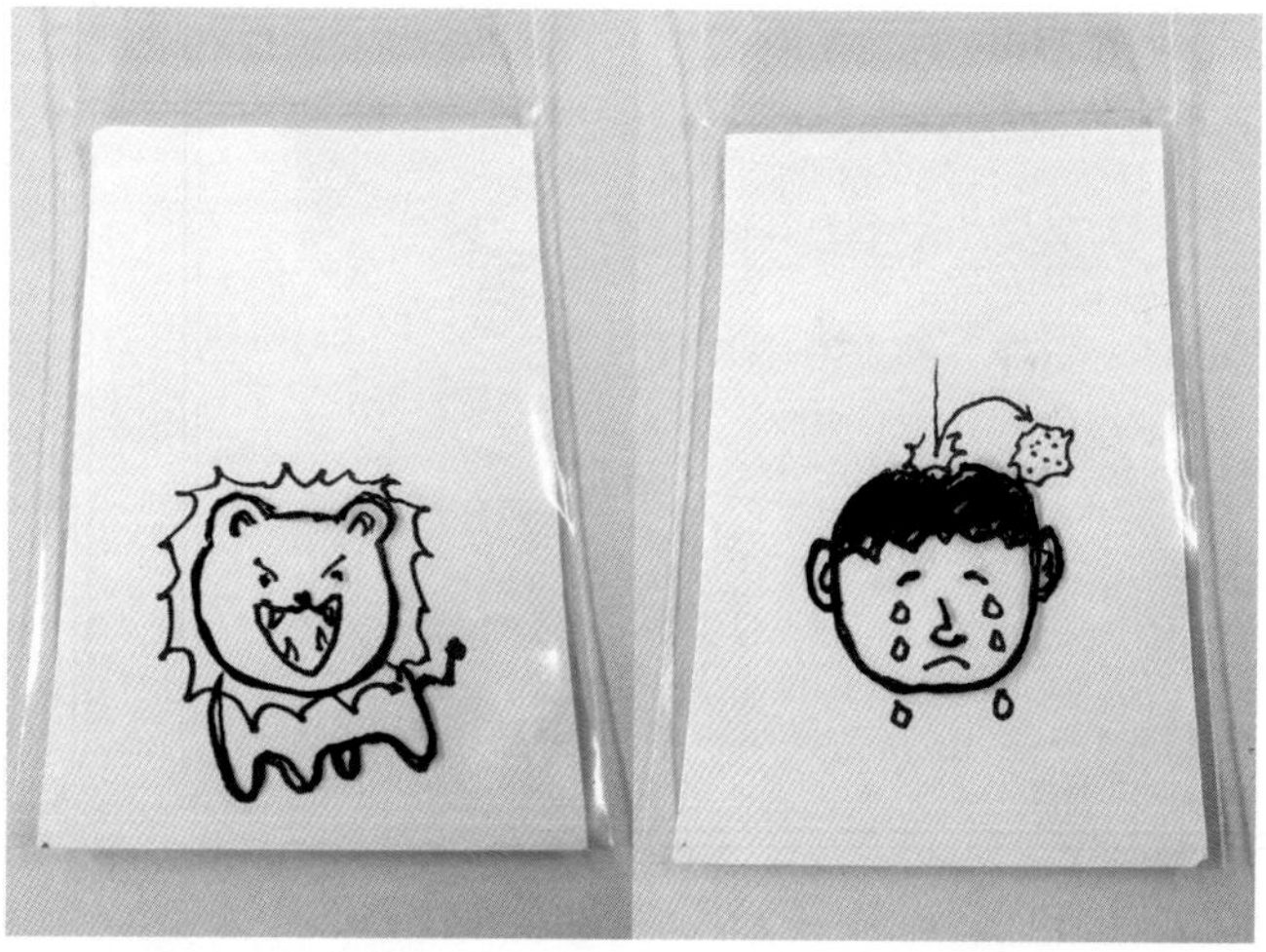

上のポリ袋をそれぞれ水を張ったコップに差し入れます。イラストが水に沈んだところで正面からと、コップの上からの2方向から、イラストがどのように見えるか観察します。

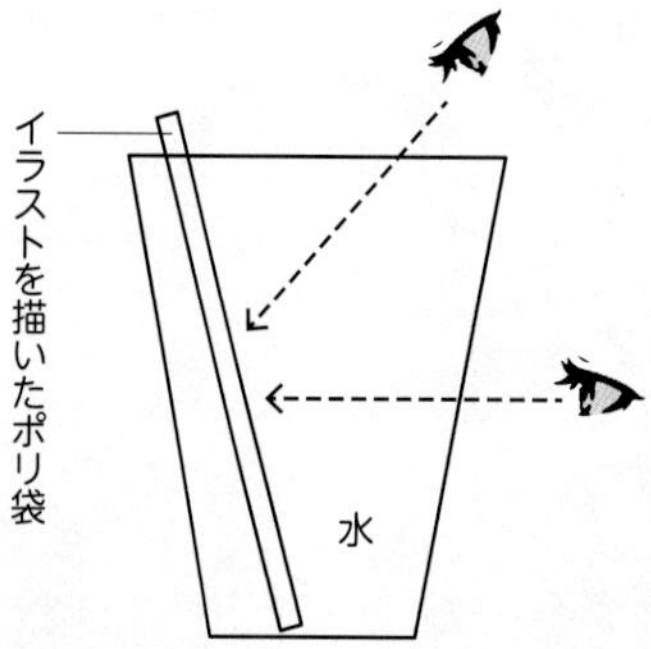

step 7 正面からイラストを見る

正面からは、さっき描いたイラストが見えるだけで、なんの不思議もありません。

step 8 上からコップをのぞくと…

コップを上からのぞくと、アレレ、笑っている男の子が見える。なんでこうなるの。

step 9 コップの正面からは…

コップの正面からイラストを見てみると、さっき描いた子ライオンが見えるだけです。

step 10 えっ、子猫になっちゃった

コップの上からのぞいてみると、え〜っ、ライオンじゃなくて子猫が見えているんだけど。不思議、不思議。

親子でやってみよう
科学マジック

解説

ポリ袋に描いた線に秘密が

まず、種明かしをするとイラストの線をポリ袋上でなぞるとき、じつはすべての線をなぞってはいなかったのです。

右の写真は、ポリ袋に描いてあった線画です。つまり、「泣いている男の子のイラスト」に描かれた線のうち、「笑っている男の子の顔」になるために必要な線だけを拾って描いていたのです。

子ライオンの方も、同様に、ポリ袋には「子猫のイラスト」になるために必要な線だけを選んで描いていたのです。

しかし、それでもなぜ水中でポリ袋のイラストだけが浮かび上がるような仕掛けができたのでしょうか。

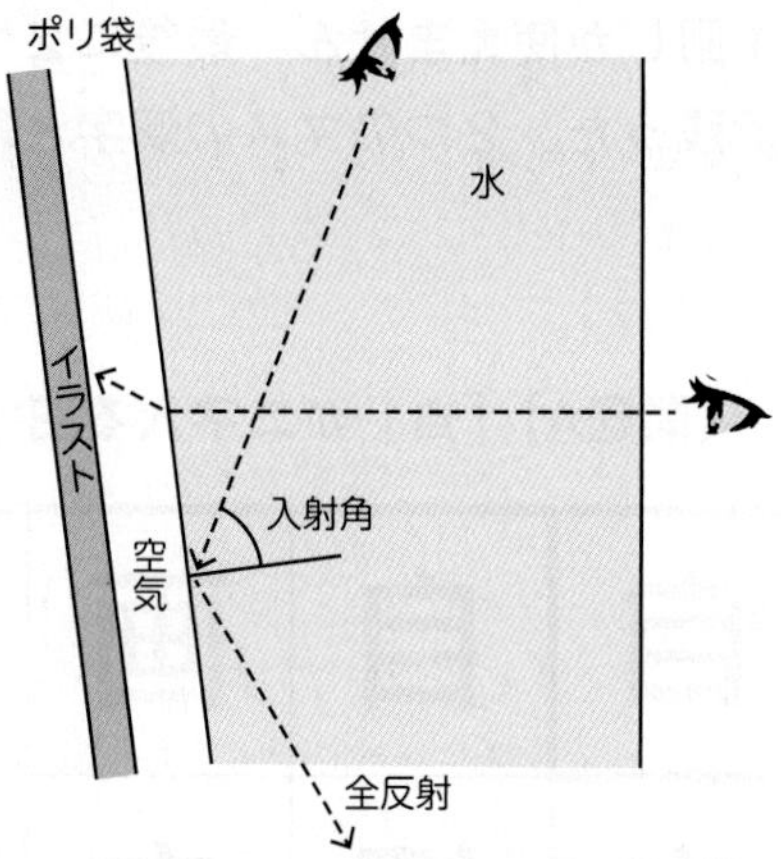

光の全反射

それは、光の「全反射」という性質を利用していたのです。

「光の反射の法則」は中学校の理科の授業で学びますが、ここでは簡単に全反射のことを説明しておきます。

全反射とは、透明な物体（水やガラス）から空気へと光が通るとき、光がある角度（入射角といいます）よりも大きく進むと、透明な物体から空気中に光は飛び出さず、また透明な物体の方向へはね返されてしまう現象のことです。

例えば、今回のマジックで使われたチャックつきポリ袋にはわずかですが、空気が閉じ込められています。

ですから正面からイラストを見ようとするときには、入射角が狭いので、イラストはそのまま見えますが、コップを上からのぞき込むように見るときは、図のように入射角が大きいので、光はポリ袋内の空気のなかを進もうにも入り込めず、すべてはね返されてしまったのです。

なお、全反射が起こるのは、水やガラスなどの透明な物体から、空気中へ光が通るときで、その逆の、空気から透明な物体へ光が入っていくときは全反射は起きません。これは覚えておいてください。

動画はこちら↑

ジュクゴンザウルスに挑戦！

熟語パズル

「熟語のことならなんでも知っているぞ」っていう
ジュクゴンザウルスが「このパズル解けるかな」っていばっているぞ。
さあ、みんなで挑戦してみよう。

【問題Ａ】漢字でできた表のなかに、「自」が二字入る四字熟語が７つ埋め込まれています。例として左上の１つ「自由自在」を太線で囲みました。同じようにして「４つのマス」を連続して囲んで、すべての四字熟語を完成させてください。ヨコに読むときは左から右にも、右から左にも読みますが、タテに読むときは下から上には読みません。漢字はそれぞれ１回しか使えません。最後に２つのマスに漢字が残ります。次のページの**【問題Ｂ】**で残った、２つのマスの漢字と組みあわせて、もう１つの四字熟語を考えましょう。

【問題A】「自」が二字入る四字熟語

由	自	自	画	自	自
自	自	縄	自	賛	業
在	自	自	給	入	自
自	作	縛	自	足	得
演	願	自	分	自	身

答えは101ページ

【問題B】「一」が二字入る四字熟語

一	進	一	喜	一
一	一	退	一	憂
宿	一	日	字	一
一	一	一	善	句
飯	国	一	城	書
学	一	期	一	会

【問題Ｂ】右の問題Ａと同じように、「一」が二字入る四字熟語が７つ埋め込まれています。例として左上の１つ「一進一退」を太線で囲みました。そのほかの四字熟語６つを、連続して囲んで完成させてください。ヨコに読むときは左から右にも、右から左にも読みますが、タテに読むときは下から上には読みません。また、**【問題Ａ】**と同様に、それぞれの漢字を使えるのは１回のみです。最後に残った２つの漢字と**【問題Ａ】**で残った２つの漢字を組みあわせて、もう１つの四字熟語を考えましょう。

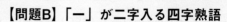

タイアップ記事

確かな語彙力を土台とする
高い発信力を養う英語教育

目白研心中学校《めじろけんしん》

共学校

中3からスーパーイングリッシュコース（SEC）を設置し、例年海外大学進学者も輩出する目白研心中学校。そんな同校ではどのような英語教育が実施されているのでしょう。

●所在地：東京都新宿区中落合4-31-1　●TEL:03-5996-3133　●アクセス：都営大江戸線「落合南長崎駅」徒歩９分、西武新宿線・都営大江戸線「中井駅」徒歩12分、地下鉄東西線「落合駅」徒歩14分
●URL:https://mk.mejiro.ac.jp/

ネイティブ教員と交流する生徒たち

コツコツと学び 多角的に英語力を伸ばす

吉田《よしだ》 直子《なおこ》 副校長先生

目白研心中学校（以下、目白研心）では、英語４技能を伸ばすことに加え語彙力の養成に力を入れています。その教育について、吉田直子副校長先生は「たとえ伝えたいことがあったとしても、単語がわからなければ伝えることはできません。ですから、自信を持って意見を発信できるようになるためには、語彙力が重要だと考えています」と話されます。

語彙力養成のために実践されているのは、3年間かけて『キクタン【中学英単語】高校入試レベル』（アルク）を1冊すべて習得すること。範囲が決まっている朝テスト（週1回）と、範囲が決まっていないテスト（定期テスト期間、中1生～中3生同一のもの）を受けることで知識を定着させます。全生徒対象のテストにおける平均点は、中1生よりも中2生、中2生よりも中3生が高く、それを知った生徒はコツコツと取り組むことの大切さを実感するといいます。

英語の授業は、中1から週7時間のうち3時間はネイティブスピーカーの教員によるオールイングリッシュで展開されます。教科書もすべて英語で書かれています。

「日本人教員の授業はオールイングリッシュにこだわりません。高校での学びや大学受験に向けて生徒が疑問を残さないよう、日本語も使って丁寧に指導しています。ただし採用の際は、日本人教員も英語で授業や会議ができる力があることを条件にしています」と吉田副校長先生が話されるように、目白研心ではどの英語科教員も確かな力を持っています。

中3からは、「特進コース」、「総合コース」のほか、条件を満たすことでグローバル人材育成をめざす「Super English Course（SEC）」に進むことも可能です。

SECには、英字新聞を読んでディスカッションする「ニュースペーパーイングリッシュ」や、言語のみならず文化にも触れる「中国語」、自分の好きなことを探究する「ジーニアスアワー」など、多彩な学校設定科目が設置されています。

海外を訪れる機会としては、全コースの生徒が参加するカナダ修学旅行、希望者を対象とした世界に20校ある姉妹校への留学やオーストラリア語学研修も用意されています。

「留学や語学研修は、語学力を上げるためだけのものではありません。現地では、きちんと意見を言わなければなりませんし、自分で選んで参加したのだからと学ぶことへの自立心が芽生えます。また、うまく話すことができず悔しさを感じることもあるでしょう。その悔しさをバネに帰国後にぐんと英語力を伸ばす生徒が多いです」と吉田副校長先生。

このように英語力を多角的に伸ばすことができる目白研心。しかしそれだけではなく、吉田副校長先生は「多様なバックグラウンドを持つ人々と協働するためには、表現力や豊かな人間性も求められます。そうした力を養うために必要なのは、心を震わせるような感動体験ではないでしょうか。その思いから、年に1回、全学年を対象として日本や世界で活躍する和太鼓奏者やオーケストラの公演を貸し切りで鑑賞する機会を設けています」と話されます。

英語力と人間力をあわせ持った目白研心生は、世界の人びとと協力し、よりよい社会を作ることのできる人材へと成長していくことでしょう。

桐陽祭（文化祭）
9月17日(土)　9月18日(日) 両日とも9:00～14:00
学校説明会　要予約
9月24日(土) 14:00～ 10月29日(土) 14:00～ 11月19日(土) 14:00～ 12月1日(木) 10:30～ 1月14日(土) 10:30～
入試体験会　要予約
12月17日(土) 13:30～

※新型コロナウイルス感染症の拡大により、中止、もしくは変更になる可能性があります。実施の有無はホームページでご確認ください。

ジュクゴンザウルスに挑戦！

熟語パズル

問題は98ページ

答え

【答え】入学願書
色のついたマスが、余った漢字です。

【問題A】答え

由	自	自	画	自	自
自	自	縄	自	賛	業
在	自	自	給	入	自
自	作	縛	自	足	得
演	願	自	分	自	身

【問題A】 7つの四字熟語　**自由自在**（じゆうじざい）、**自画自賛**（じがじさん）、**自業自得**（じごうじとく）、**自作自演**（じさくじえん）、**自縄自縛**（じじょうじばく）、**自給自足**（じきゅうじそく）、**自分自身**（じぶんじしん）

【問題B】答え

一	進	一	喜	一
一	一	退	一	憂
宿	一	日	字	一
一	一	一	善	句
飯	国	一	城	書
学	一	期	一	会

【問題B】 7つの四字熟語　**一進一退**（いっしんいったい）、**一喜一憂**（いっきいちゆう）、**一宿一飯**（いっしゅくいっぱん）、**一日一善**（いちにちいちぜん）、**一字一句**（いちじいっく）、**一国一城**（いっこくいちじょう）、**一期一会**（いちごいちえ）

駒沢《こまざわ》学園《がくえん》女子《じょし》中学校

東京　稲城市　女子校

「正念」「行学一如」の精神で「自分らしさ」を見つける

駒沢学園女子中学校（以下、駒沢学園女子）は、仏教の教えに基づいた人間教育と、小さな目標の達成を積み重ねていく学習法で、どんな社会でも自分らしく輝ける人間の育成に取り組んでいます。

建学の精神は「正念」と「行学一如」。「正念」とは、「物事を正しくとらえること」、そして「行学一如」は、「実践すること（行）と学ぶこと（学）を一体化させること（一如）」を表します。この2つの言葉は、日本における曹洞宗《そうとうしゅう》の開祖、道元禅師が説いた禅の精神に由来しており、生徒たちの学校生活や授業にも色濃く反映されています。

自分を深める「仏教」の授業と「21WS」

駒沢学園女子での人間教育を表す取り組みに、毎日の朝礼と終礼での「正念（椅子坐禅《いすざぜん》）」とお唱え、「仏教」の授業があります。「仏教」の授業では、仏教や仏教の精神について学び、普段は考えることの少ない、命の大切さや人生に向きあう機会を持つことで、他者への思いやりと感謝の気持ちを養うことができます。また年に3回、校内にある坐禅堂に中1～中3の全生徒が集まって全体坐禅を行います。こうした取り組みを通じて生徒たちは、めまぐるしい現代社会においても、自分の内面に目を向け、じっくりと物事に取り組める人間へと育っていきます。

探究型学習として「21WS（21世紀ワールドスタディーズ）」を行う点も特徴です。複数の分野から好きな講座を選択して受講できるもので、今年度は、「韓国語」「中国語」「フランス語」「プログラミング講座」「日本文化」が開講されています。外国語の授業では、その国の文化についても学べるので、広い視野と教養を身につけられます。りんどう祭（学園祭）では例年、講座ごとに学習の成果を発表します。探究学習としては珍しい3学年縦割りなので、年齢の異なる人たちとともに1つの目標を達成することの大変さや楽しさを体感することが可能です。

知識を取りこぼさないきめ細かな学習

英語教育にも力を入れている駒沢学園女子。英語の授業は日本人教員とネイティブ教員の2人体制で行われ、1年間で1冊の教科書を繰り返し5回勉強します。同じ内容を読むにしても、大事な部分が抜けている文章を穴埋めしながら音読したり、内容を自分の言葉で説明したり、学ぶ方法によって身につく力は異なります。様々な手法を取ることで、5領域（「聞く」、「読む」、「話す（やりとり）」、「話す（発表）」、「書く」）をバランスよく育みます。

駒沢学園女子では、一般的な定期テストは実施していません。5教科では単元が終了するごとに「単元別テスト」を行います。また、国語、数学、英語では教科ごとに毎週小テストがあり、理解不足の場合は放課後に補習と再試験を受けます。少ない範囲をこまめに確認することで、知識を確実に定着させていくことが可能です。

じっくり自分を見つめ直す時間を取ること、時間をかけて知識を身につけることの大切さを教える駒沢学園女子。生徒それぞれの個性を深めながら、どんな国や時代でも、自分らしく生きていける人間へと育てる学校です。

School Data

所在地：東京都稲城市坂浜238
生徒数：女子のみ53名
ＴＥＬ：042-350-7123
ＵＲＬ：https://www.komajo.ac.jp/jsh/
アクセス：東急田園都市線・横浜市営地下鉄ブルーライン「あざみ野駅」、JR南武線「稲城長沼駅」スクールバス、京王相模原線「稲城駅」、小田急線「新百合ヶ丘駅」バス

学ナビ!! vol.185
School Navigator

湘南学園《しょうなんがくえん》中学校
神奈川　藤沢市　共学校

「持続可能な社会の創り手」を学校生活すべてを通して育てる

ビーチで有名な湘南の鵠沼《くげぬま》に立地し、ロケーションに恵まれた湘南学園中学校（以下、湘南学園）。1933年に創立し、幼小中高を併せ持つ総合学園として地域の方々に愛され、今年で創立88周年を迎えます。創立より受け継いできた「社会の進歩に貢献できる、明朗有為な実力のある人間の育成」を教育目標として、「持続可能な社会の創り手」の育成をめざしています。

加えて、湘南学園では学校生活の「すべてが学び」と位置づけ「湘南学園ESD (Education for Sustainable Development)」に取り組んでいます。これは、すべての生きものの生存にかかわる問題について考え、解決するための学びです。

教科学習を基礎として、「総合学習」で中高6年間の発達段階に応じたテーマを設定し、人間の生き方やものの見方・考え方、様々な文化との出会いを通じて、生徒の認識と行動を豊かにすることをめざす「人格形成のためのカリキュラム」です。

中1では「人が生まれ存在していることのかけがえのなさ」について学び、中2では自分の生きる地域を守り育てる方々の努力や工夫に触れ、体験を通じて「協力・協働する」ことの意味を学びます。中3では、湘南とは異なる地域で「持続可能なローカル」の創造に取り組む方々との出会いを通じて、「持続可能な未来」を考える土台を育てていきます。

これらの学びは高校でのSDGsに着目した、より広範な社会の諸課題の学びにつながっていきます。

6年間でチャレンジできる多彩なプログラム

一方で、6年間を通じて1人ひとりのニーズに合わせたグローバル教育を推進しています。各学年では、次のような「生きた英語」・「実用的な英語」教育を行っています。「英語圏の文化・習慣を知る」（中1）、「周りの人・身の回りのことについて自分の気持ちや考えを表現する」（中2）、「英語を使う人々の考えを知り、それについて自分の考えを述べる」（中3）。さらには、ネイティブ講師によるイングリッシュキャンプ（中1〜3）や台湾セミナー（中1〜高2）、イングランドセミナー、カナダセミナー、ポーランド・リトアニアヒストリーツアー（中2〜高2）、中3から高2では姉妹校の1つであるオーストラリアのノックススクールでの交換留学もできます。これらのプログラムには、それぞれの興味や希望に応じて、6年間に何度も参加することが可能です。

生徒主体による三大行事の運営

学校生活の「すべてが学び」であるという考えのもと、体育祭、学園祭、合唱コンクールの三大行事は、実行委員会形式により生徒主体で計画・運営しています。「どうしたらもっとよくなるか」「みんなが楽しめるか」などについて実行委員がほかの生徒に意見を聞き、議論を重ねていくのが特徴です。そのほか、部活動でも生徒自身が顧問の先生やコーチと協力・協議しながら「集団のなかで1人ひとりが輝けるクラブ作り」に取り組んでいます。

湘南学園は、中高6年間の学校生活すべてを通じて、大学生や社会人となってからもいきいきと学び続け、人生を主体的に切り拓く豊かな知性を養うことをめざす学校です。

School Data

所在地：神奈川県藤沢市鵠沼松が岡4-1-32
生徒数：男子332名、女子259名
T E L：0466-23-6611
U R L：https://www.shogak.ac.jp/highschool/
アクセス：小田急線「鵠沼海岸駅」・江ノ島電鉄線「鵠沼駅」徒歩8分

帝京大学中学校

TEIKYO

Teikyo University Junior High School

〒192-0361 東京都八王子市越野322 TEL.042-676-9511(代)

https://www.teikyo-u.ed.jp/

■ 2023年度 中学入試学校説明会 ※本年度の説明会はすべて予約制です

	実施日時		内容
第2回	9月17日(土)	10:00〜11:30 14:00〜15:30	『本校の学びについて 〜高等学校を中心に〜 』 ・高校在校生＆教員による座談会「高校生から見た本校」
	9月18日(日)	14:00〜15:00	・9月17日(土)説明会の様子をYoutube限定公開で放映※
第3回	10月 8日(土)	10:00〜11:30 14:00〜15:30	『本校の学びについて 〜行事・学校生活から将来へ〜 』 ・卒業生と当時の担任の対談「学校生活を振り返って」
	10月 9日(日)	14:00〜15:00	・10月8日(土)説明会の様子をYoutube限定公開で放映※
第4回	11月12日(土)	14:00〜15:30	『帝京大学中学校入門 —初めて参加される皆様へ—』 ・在校生保護者へのインタビュー「保護者から見た本校」
	11月13日(日)	14:00〜15:00	・11月12日(土)説明会の様子をYoutube限定公開で放映※
第5回	12月17日(土)	10:00〜11:30 14:00〜15:30	『入試直前情報＆過去問解説授業』 ・生徒より「先輩受験生からのメッセージ」
	12月18日(日)	14:00〜15:00	・12月17日(土)説明会の様子をYoutube限定公開で放映※
第6回	4・5年生対象 3月 4日(土)	10:00〜11:30	『小学4・5年生対象 帝京大学中学校入門』 ・本校での学習と生活 ・入試結果分析
	3月 5日(日)	14:00〜15:30	・3月4日(土)説明会の様子をYoutube限定公開で放映※

※説明会の予約方法は、各説明会の約1ヵ月前にホームページに掲載させて頂きます。
※録画した説明会動画はアーカイブ化しているため、登録者は過去の動画を閲覧することが可能です。

●スクールバスのご案内

月〜土曜日／登下校時間に運行。
詳細は本校のホームページをご覧ください。

JR豊田駅 ←→ 平山5丁目(京王線平山城址公園駅より徒歩5分) ←→ 本校
←(約20分)→

多摩センター駅 ←(約15分)→ 本校

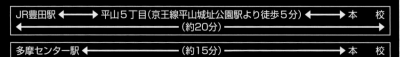

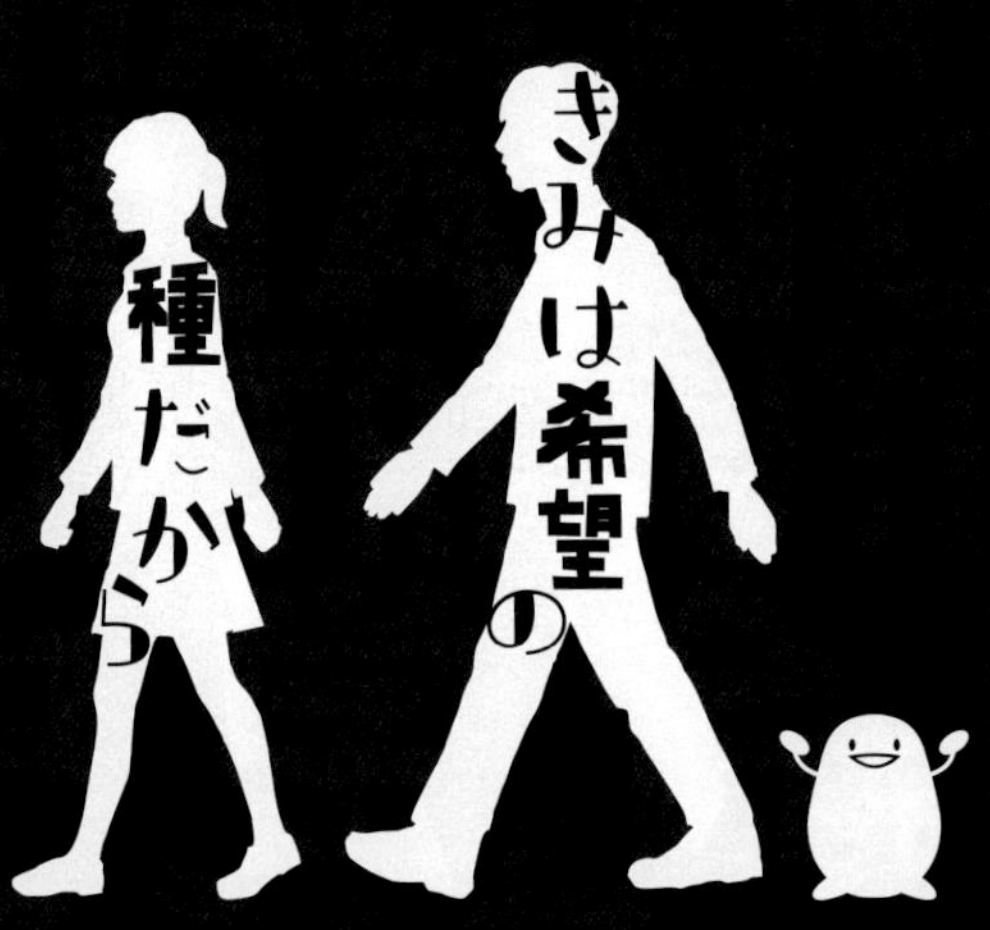

青稜中学校·高等学校

2022-2023

6年間で最大5ヶ国を訪問
学びの扉を世界に開き
世界レベルでの自己実現を目指す

多摩大学目黒の英語教育の大きな目標の一つは
世界中で必要とされる日本人を育てることです。
2名のネイティブ専任教員による英会話の授業では
英語表現の背景にある文化や習慣、ものの考え方を
紹介しながら、幅広い表現力を身につけ、
世界中に通用する英語を習得します。
さらに6年間で最大5ヶ国を訪問することにより、
世界規模で物事を考えることのできる広い視野と
世界を相手にしっかり「交渉」できる
コミュニケーション力を磨きます。
　これらの経験と能力は10年後、20年後に
社会人として国内でも海外でも常に必要とされる
人物であり続けるための確固たる土台となります。

1人1台iPadを活用、考える力と伝える力を伸ばす！

生徒と教員、また生徒同士をつなぐコミュニケーションツールとして1人1台iPadを活用。学習到達度や指導経過を確認しながら一人ひとりに最善の指導ができます。また調べたり考えたりした内容をiPadにまとめる作業を通して、考える力や伝える力を伸ばします。

大学・官公庁・企業と連携したアクティブラーニング

多摩大学と高大連携を軸に官公庁や企業と連携したアクティブラーニングが始動しました。地域振興や国際会議、起業プロジェクトなど様々な活動に参加することを通して、知的活動の幅を広げます。これらの経験は新たな大学入試に対応する学力を伸ばすことにつながり、大きなアドバンテージになります。

●中学受験生・保護者対象学校説明会 要予約

11/5 土 10:00～ 授業見学あり
1/13 金 19:00～
1/14 土 10:00～ 授業見学あり

●特待・特進入試問題解説会 要予約

11/19 土 10:00～
12/10 土 10:00～

●颯戻祭（学園祭） 要予約

9/17 土・18 日 10:00～15:00

※各イベントの予約方法・人数等については後日公開します。

●2023年度生徒募集要項

試験区分	進学 第1回	進学 第2回	特待・特進 第1回	特待・特進 第2回	特待・特進 第3回	特待・特進 第4回	特待・特進 第5回
募集人員	34名		特待20名 特進60名				
出願期間	1月10日（火）より各試験当日午前1時まで。（特待・特進第3～5回は当日朝窓口出願可能）						
試験日	2/1（水） 8:30集合	2/2（木） 8:30集合	2/1（水） 14:30集合	2/2（木） 14:30集合	2/3（金） 14:30集合	2/4（土） 10:00集合	2/6（月） 10:00集合
試験科目	2科または4科（出願時に選択）		4科		2科		
合格発表（ホームページ）	各試験当日 14:00～16:00		各試験当日 21:00～21:30			各試験当日 14:00～16:00	
合格発表（校内掲示）	各試験当日 14:00～16:00		各試験翌日 12:00～13:30			各試験当日 14:00～16:00	

全ての日程は、新型コロナウィルスの状況により、日時が変更になったり、中止になったりする可能性があります。実際に予定通り行なわれるかどうかについては、直前に本校HPをご確認ください。

明日の自分が、今日より成長するために…

多摩大学目黒中学校

〒153-0064 東京都目黒区下目黒4-10-24　TEL. 03-3714-2661
JR山手線・東急目黒線・都営地下鉄三田線・東京メトロ南北線「目黒駅」西口より徒歩12分
東急東横線・東京メトロ日比谷線「中目黒駅」よりスクールバス運行

多摩大学目黒　検索　https://www.tmh.ac.jp

男子校タイアップ記事

逞《たくま》しく生きる次世代のリーダーを育成

成城《せいじょう》中学校

School Information（男子校）

所在地：東京都新宿区原町3-87
アクセス：都営大江戸線「牛込柳町駅」徒歩１分
TEL：03-3341-6141　URL：https://www.seijogakko.ed.jp

受け継がれる伝統 自己確立を促す教育

男子校として、137年の歴史を持つ成城中学校（以下、成城）。学校行事や部活動を通して、リーダーシップを養うという伝統があり、自ら考え行動できる人間力の高いリーダーを育成しています。

また成城は、グローバル教育の一環として「エンパワーメント・プログラム」を全国に先駆けていち早く取り入れた学校です。カリフォルニア大学など、世界のトップ校の学生を招き、毎年、実施しています。

「今年も8月に、中3から高2を対象に行います。学年は関係なく、英語レベルに合わせて3グループに分かれ、リーダー（海外の学生）を中心にディスカッションやプレゼンテーションを繰り返し行います。生徒たちにはこのプログラムに参加することで、自ら課題を発見し解決策を考え、協働しながら自分の意見を論理的に表明する力を身につけてもらいたいと考えています。このあと多くの生徒が海外研修にも参加します。多様な文化や価値観を持つ海外の学生たちと直接コミュニケーションをとることで、自分を表現する力を養い、自己を確立してほしいと思います」と岩本正校長先生は話します。

コンピューターを用いた「数学統計」の授業

新カリキュラムで 独自の授業を展開

新カリキュラムとして「数学統計」・「国語表現」・「英語表現」の独自授業を設置しました。

中1の「数学統計」では、政府が公開している実際の統計データなどを使い、統計的思考力を育みます。

「コンピューターを利用して自分でデータを分析できるようになります。データの特徴を最も的確に表現できるグラフを作成する活動などもあり、生徒はとても楽しそうに授業に取り組んでいます」（岩本校長先生）

「国語表現」では、図書館を利用し、中1から積極的に本に触れる授業を行っています。パワーポイントを使い、推薦する本についてプレゼンテーションを行うなど、個々の表現力を磨いていきます。

「本校は、文武両道の伝統ある男子校で、6年間楽しく過ごせる学校です。好奇心旺盛で、自分のやりたいことを見つけて、それを探究し続けていける人に入学してもらいたいですね。そして学校としてもなんとかその夢を実現させてあげたいと思っています」（岩本校長先生）

今年、3年ぶりに臨海学校が行われました。先輩から伝統を受け継ぎ、成城生としての自覚も新たに、生徒たちは逞しく成長していきます。

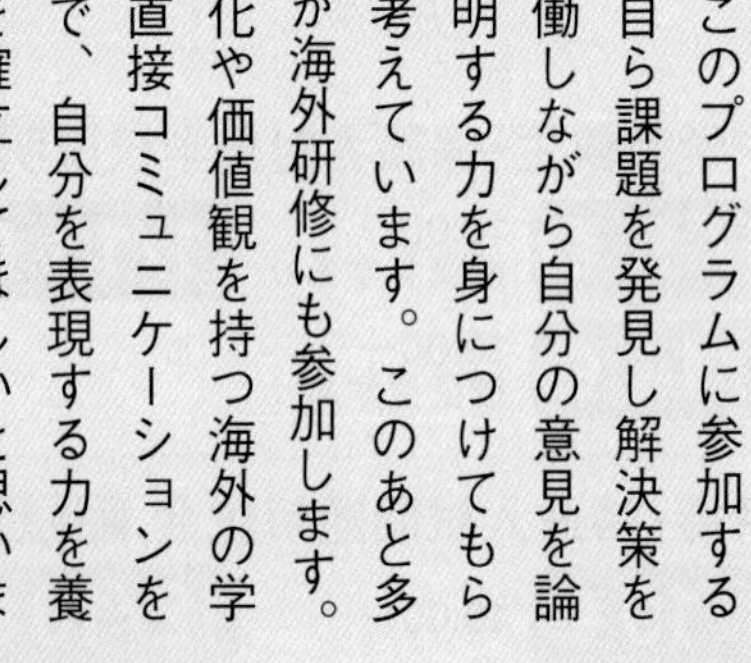

90年以上の歴史がある臨海学校

学校説明会・公開行事

◆学校説明会（要Web予約）
9月24日（土）10月12日（水）
10月29日（土）11月12日（土）
11月30日（水）1月11日（水）
すべて10：00〜11：15

◆成城祭（文化祭）
9月17日（土）・18日（日）
ミニ説明会・個別相談コーナーあり

◆オンライン個別相談
「ZOOM」による個別相談を受付けます。お電話でご予約ください。

「自立した女性の育成」をめざす

江《え》戸《ど》川《がわ》女《じょ》子《し》中学校

東京都 江戸川区 女子校　URL▶https://www.edojo.jp

江戸川女子中学・高等学校は、創立90周年を迎えた伝統ある女子校です。西洋のお城のようなエントランスに足を踏み入れると、生徒たちの明るい声が聞こえてきます。そのような環境のなか、「教養ある堅実な女性」「自立した女性」の育成をめざし伝統と革新を積み重ねています。

グローバル教育の充実

江戸川女子中学校（以下、江戸川女子）は、2021年度より「世界を舞台に活躍できる、真の国際人の育成」を目標に、「国際コース」をスタートしました。これまでの高校英語科や帰国子女の指導で蓄積してきたノウハウを活かし、さらなる英語力の向上と国際感覚の醸成をめざしています。

このコースでは、ネイティブ教員が副担任としてつき、日常的に英語でコミュニケーションをとりあいます。英語の授業は、中学入学時点での英語力に応じて、「Advanced Class」と「Standard Class」に分けて少人数授業を行っており、音楽と美術の授業は英語イマージョン教育を実施しています。2021年度入学生は、1年間で英語力を伸ばし、「Standard Class」から英検2級に3名合格し、「Advanced Class」に今年度から編入するなど、意欲的に活動しています。

一般コースと同様、情操教育の一環として茶道、箏曲、華道に取り組み、日本の伝統文化についての教養も身につけることができます。このような多彩な授業や研修を通じて、世界を舞台に活躍できる真の国際人を輩出していきます。

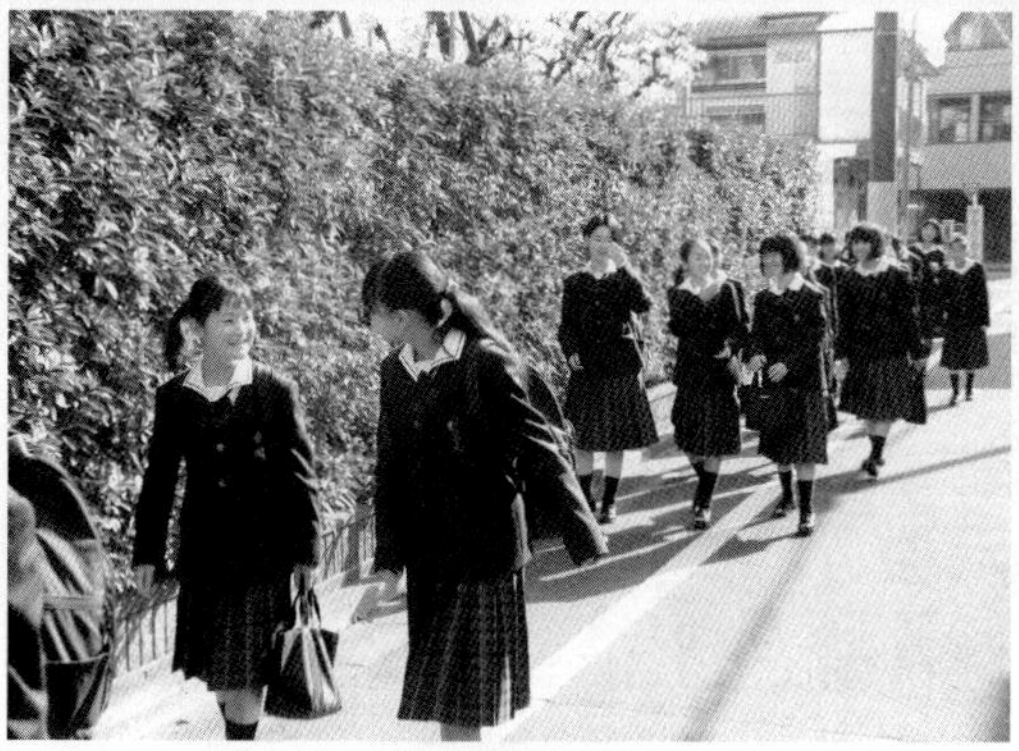
登下校の様子

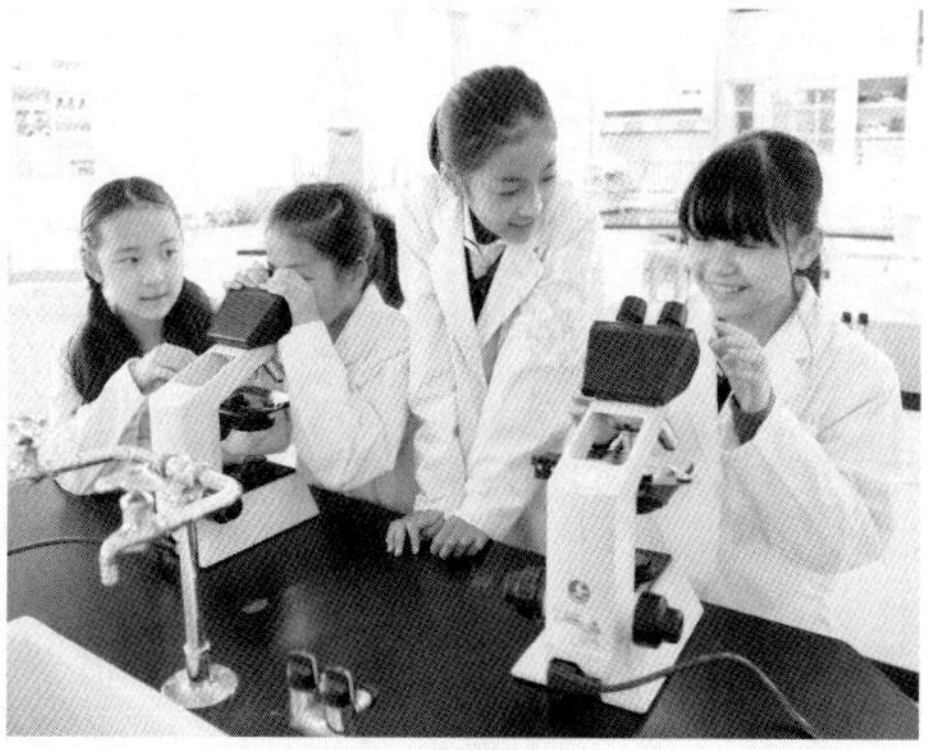
理科／実験の様子

江戸川女子のさらなる改革

「さらに上へと進化する江戸川女子」をめざし、さまざまな改革を進めています。

ICTの活用が進むなかで同校も導入を進めており、今年度入学生から1人1台タブレット端末を持ちMicrosoft Teamsを活用しながら課題提出や連絡、教師・生徒間の情報共有を行っています。

また今年度から、これまでの1コマ65分から45分へと授業時間を短縮し、45分授業と2コマ連続で行う90分授業を学習内容に応じて併用する「Hybrid Edojo教育」を導入しています。短時間に集中して知識習得を図る授業と、理科の実験などじっくり考え学ぶ授業を織り交ぜながら、より深い学びへと導いていきます。

そして創立90周年を機に、今年度より新制服を採用することになりました。江戸川女子らしく、気品ある、そして輝きを持つことができる制服に仕上がっています。

説明会日程

●**オープンキャンパス**（要予約）
9月3日(土)13:30～17:00

●**学校説明会**（要予約）
9月10日(土) 10月 8日(土)
11月 5日(土) 1月14日(土)
各10:00～11:30

●**入試問題説明会**（要予約）
8月13日(土)10:00～11:30
12月 3日(土)14:00～15:30

SCHOOL DATA

所在地 東京都江戸川区東小岩5-22-1
アクセス JR総武線「小岩駅」徒歩10分、京成線「江戸川駅」徒歩15分
TEL 03-3659-1241

［タイアップ記事］

共学校タイアップ記事

挑戦することこそがすばらしい

工《こう》学《がく》院《いん》大《だい》学《がく》附属中学校

School information（共学校）

所在地：東京都八王子市中野町2647-2
アクセス：JR線ほか「八王子駅」「拝島駅」「新宿駅」、京王線「京王八王子駅」「南大沢駅」スクールバス
TEL：042-628-4914　URL：https://www.js.kogakuin.ac.jp/

挑戦・創造・貢献

「挑戦・創造・貢献」を校訓とする工学院大学附属中学校（以下、工学院）。多様化が進み、変化の激しいグローバル社会に求められることは、自ら考え失敗を恐れずに挑戦し、世界に学び、世界と協働し、新しい価値を創造することです。

そのなかでも、「まずは挑戦しよう！」と語るのは、今年で就任2年目となる中野由章校長です。

「挑戦することこそが大切です。挑戦してもうまくいかないことの方が多いでしょう。でも、挑戦している姿は輝いて見えます」

工学院では挑戦の一つとして、「デザイン思考」という授業を中心に、探究学習を展開しています。中3で行うオーストラリア異文化体験研修はその集大成。ホームステイをしながら、文化の違いを実感し、世界貢献について考えます。

いつでも気さくに生徒たちとの対話を大切にする中野由章校長

高校では任意参加でMoGという課題解決型プロジェクトを、世界を舞台に行います。問題に直面している起業家と協力し、ごみ問題、観光ビジネスのプラン開発、売り上げの向上などに挑戦してきました。

こうした探究活動を通じ、生徒たちは自分を見つめ、進むべき道を自ら切り拓いていきます。

MoGでは何度もトライ&エラーを繰り返しプランのブラッシュアップを図りました

広がる大学との連携

工学院大学との連携もより一層強化しています。隣接する八王子キャンパスの施設利用はもちろん、研究室訪問や大学の最先端のラボでの実験授業など、大学の専門的な学びに触れるチャンスが用意されています。大学のソーラーチームのメンバーやチームを指揮する濱根洋人教授が自動車部の指導をするなど、大学の先生や学生との交流も積極的に行われています。

工学院大学のほかにも、電気通信大学、東京薬科大学、麻布大学、東京経済大学などとも提携しています。

2022年度より新コース始まる

工学院では今年度よりコース編成を改編し、中学校では「先進クラス」、「インターナショナルクラス」の2コース体制となりました。文系・理系をバランスよく学び、基礎基本をしっかり習得することで、高校入学後の進路決定への自由度を確保します。

生徒1人ひとりが自分の夢に向かいながら、グローバル社会に貢献する人材へと成長するための、先進的で創造的な学びの環境が工学院にあります。

受験生向けイベント

◆学校説明会
9/10（土）14：00～
10/15（土）14：00～
◆オンライン学校説明会
11/ 2（水）13：00～
◆入試予想問題体験会
11/27（日）13：00～
◆入試対策説明会
1/14（土）14：00～
◆クリスマス学校説明会
12/24（土）13：00～
◆夢工祭
9/24（土）・25（日）

魅力に迫る

東《とう》洋《よう》大《だい》学《がく》京《けい》北《ほく》中学校

■ 東京都　文京区　共学校 ■

主体的な学びにより様々な力を身につける「哲学教育」「国際教育」「キャリア教育」

東洋大学京北中学高等学校は、近年大学合格実績を伸ばしている学校の１つです。その要因はどこにあるのか、２人の先生に伺いました。

中３を対象に行われた「保護者による職業講演会」

3つの教育の柱で生徒の希望進路をかなえる

「哲学教育（生き方教育）」「国際教育」「キャリア教育」を教育の柱とする東洋大学京北中学高等学校（以下、東洋大京北）。その名が表す通り、東洋大学の附属校であり、附属校推薦入学枠も用意されています。そして、その一方で、多様な進路選択に対応できる体制も整えています。

進路指導部長である武田浩哉先生は「中学生の間は『職業インタビュー』や『保護者による職業講演会』、『東洋大学訪問』などを通じて視野を広げます。そのうえで、自分はどんなことに関心があるのかを悩みながら見つけていくのです。年3回の進路面談で生徒に寄り添いつつ、意識しているのは彼ら自身に目標を見つけてもらうことです」と熱く語ります。

高1からは、難関大学の受験を前提とする「難関進学クラス」と東洋大学への進学を含め様々な可能性を探る「進学クラス」を設置し、高2・高3は文系・理系に分かれて学びを深めていきます。東洋大学の附属校と聞くと、文系学部への進学に強いイメージがあるかもしれません。しかし、同大学には理工学部もあり、他大学の理系学部への進学も含めしっかりとサポートしています。

昨年度、高3生を受け持った唐沢壮一朗先生は「中1から彼らをみてきて実感したのは、自ら決めた目標を諦めることなく合格をつかみ取りにいく、そうした主体的な姿勢が重要だということです。我々教員の役割は、そんな生徒たちを全力で応援することです。『進学クラス』の生徒も『難関進学クラス』に負けない頑張りをみせ、高みをめざしていることが、大学合格実績の伸長につながっているのを感じます」と話します。

2022年春の大学合格実績は国公立大学10名、早慶上理37名、G‐MARCH105名（その他有名大学多数）。この結果には、先生方の言葉通り、東洋大京北生が持つ主体性が関係していると考えられます。

そして、その主体性は「キャリア教育」と並ぶ「哲学教育（生き方教育）」「国際教育」によって養われています。「より良く生きること」をテーマに考えをめぐらす「哲学」の授業や全員が取り組む「哲学エッセーコンテスト」、東洋大学の留学生との交流、フィリピンやアメリカを訪れる海外研修など、多彩な学びを通じて幅広い視野を持ち、物事を多角的に深く考えられる力が培われていきます。それらの力を身につけた自信が様々なことに積極的に取り組む姿勢につながっているのでしょう。

「3つの柱を軸としながらも、より良い教育をめざし、変化を続けている学校です」と先生方が話されるように、これからがますます楽しみな東洋大京北です。

2022年春 大学合格実績抜粋　（ ）は既卒生

大学名	合格者数	大学名	合格者数
岩手大	1（0）	青山学院大	11（0）
群馬大	3（2）	中央大	16（1）
茨城大	1（0）	法政大	26（3）
埼玉大	2（0）	明治大	29（2）
筑波大	2（0）	立教大	12（0）
防衛大	1（0）	学習院大	11（1）
早稲田大	13（1）	星薬科大	1（0）
慶應義塾大	5（1）	北里大	1（0）
上智大	10（0）	明治薬科大	1（0）
東京理科大	9（2）	その他歯・薬・看護	10（0）

入試イベント

※日程は変更の可能性があります

京北祭
9月23日（金祝）　9月24日（土）
10:00～15:00

学校説明会　要予約
10月 8日（土）15:00～16:30
10月29日（土）15:00～16:30
12月17日（土）14:00～15:30

入試問題対策会　要予約
12月24日（土）※動画配信

SCHOOL DATA

所在地　東京都文京区白山2-36-5
アクセス　都営三田線「白山駅」徒歩6分、地下鉄南北線「本駒込駅」徒歩10分、地下鉄丸ノ内線「茗荷谷駅」徒歩17分、地下鉄千代田線「千駄木駅」徒歩19分
TEL　03-3816-6211
URL　https://www.toyo.ac.jp/toyodaikeihoku/jh/

※日程・内容は変更の可能性があります。必ず各校のHPでご確認ください。

横《よこ》須《す》賀《か》学《がく》院《いん》中学校

●神奈川県横須賀市稲岡町82　●京急線「横須賀中央駅」徒歩10分、JR横須賀線「横須賀駅」バス
●TEL：046-822-3218　●URL：https://www.yokosukagakuin.ac.jp/

問題

1　A君の通う学校は，８時20分までに学校に着かないと遅刻になってしまいます。A君はいつも７時40分に家を出て，毎分60mの速さで歩いて，８時15分に学校に着きます。次の問いに答えなさい。

（１）家から学校までのきょりを答えなさい。

（２）ある日，A君が家を出てから22分後に忘れ物に気づきました。家まで引き返してから遅刻せずに登校するためには，忘れ物に気づいてからは毎分何m以上の速さで走りつづける必要があるか答えなさい。

2　あるパン屋のメロンパンは100円で売ると，１日に100個売れます。このパンを１円値下げするごとに売れる個数が２個ずつ増えるとき，次の問いに答えなさい。

（１）90円で売ったときの売上金額の合計を答えなさい。

（２）いくらで売ると売上金額の合計がもっとも高くなるか答えなさい。

3　次の図の色のついた部分の面積の合計を答えなさい。

（１）

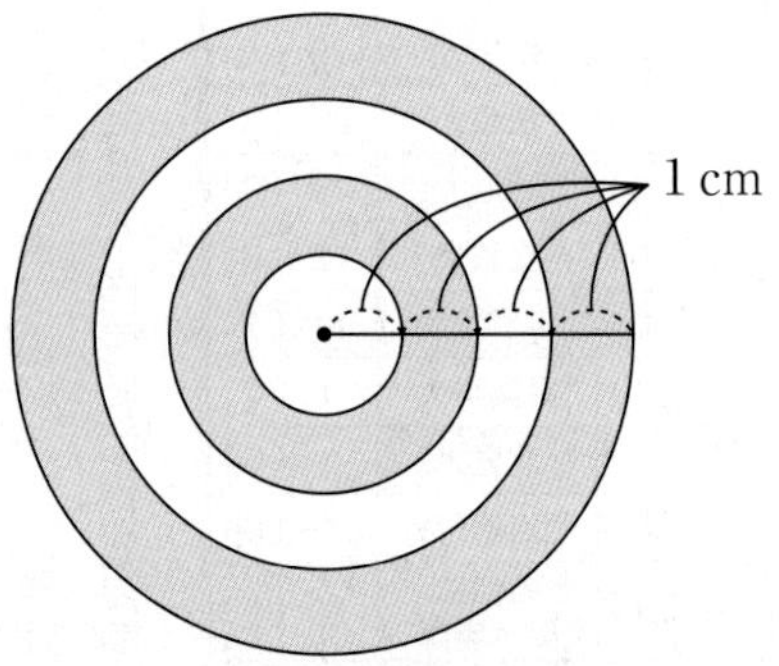

（２）

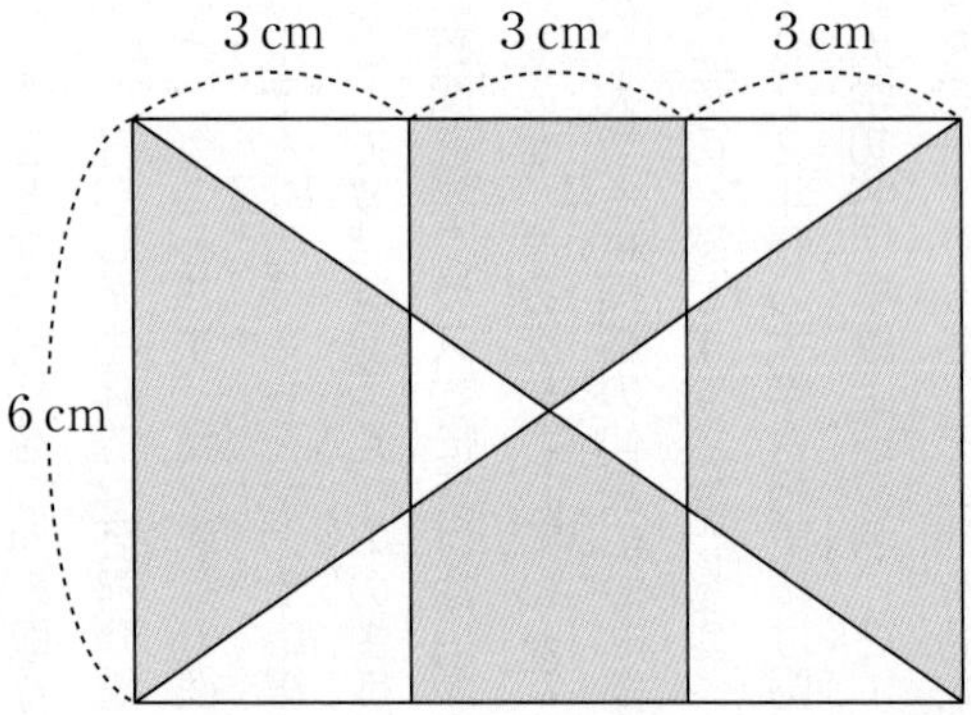

解答　1（1）2100m　（2）190m　2（1）10800円　（2）75円　3（1）31.4cm²　（2）39cm²

学校説明会〈要予約〉
９月10日（土）10:00～11:30
11月12日（土）９:00～12:00
12月10日（土）10:00～11:30
１月14日（土）９:00～12:00
※11月12日と１月14日は入試問題体験会あり

楠木祭（文化祭）
９月23日（金祝）９:00～15:00

私立中学の入試問題に

チャレンジ Challenge!

東《とう》京《きょう》電《でん》機《き》大《だい》学《がく》中学校

●東京都小金井市梶野町4-8-1　●JR中央線「東小金井駅」徒歩5分

●TEL：0422-37-6441　●URL：https://www.dendai.ed.jp/

問題

図1のように三角柱の容器を水平な台の上に置き，水面の高さが9cmになるまで水を入れてふたをします。次の問いに答えなさい。

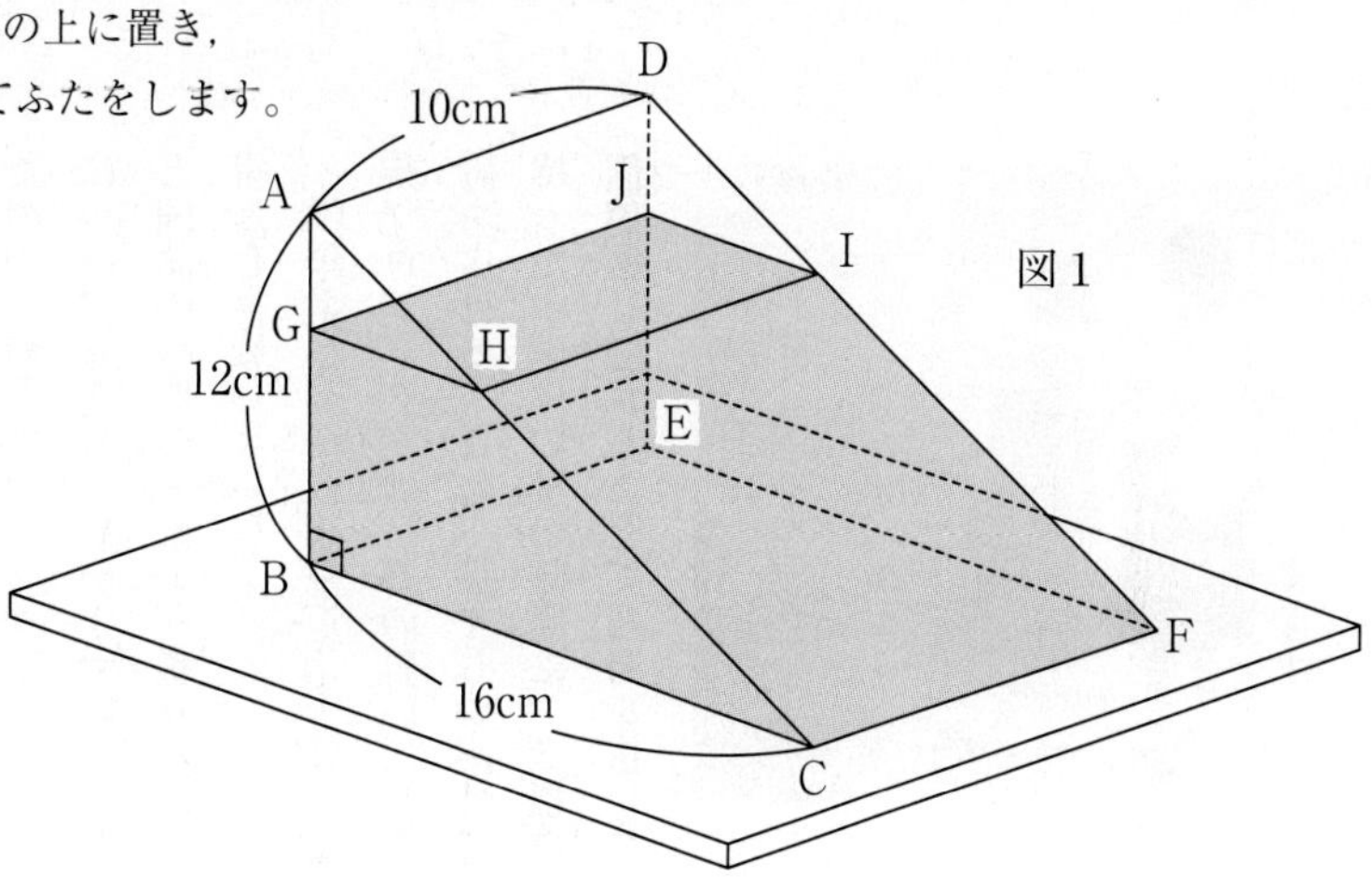

図1

（1）GHの長さは何cmですか。

（2）容器に入れた水は何cm^3ですか。

（3）三角形ABCが底面となるように台の上に置くと，水面の高さは何cmになりますか。

（4）図1の状態から辺BEを台にくっつけたまま，図2の状態になるまで容器を傾《かたむ》けます。

図2の［　　］に当てはまる数をかきなさい。

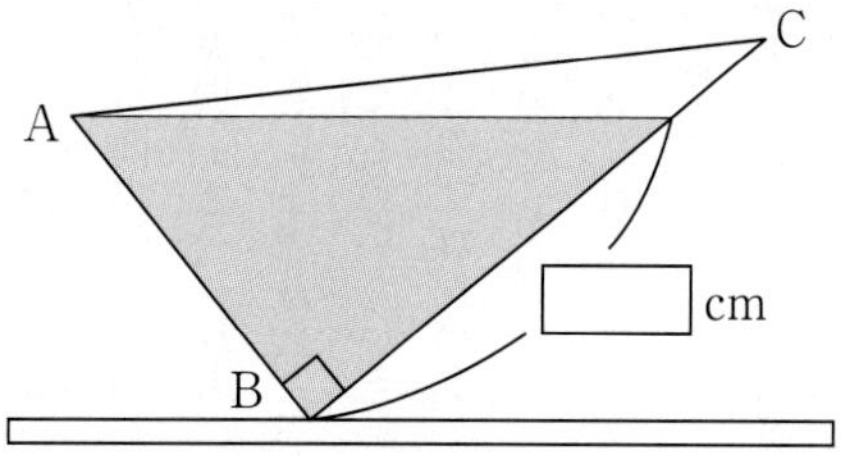

図2

解答　（1）4cm　（2）900cm^3　（3）$9\frac{3}{8}$cm　（4）15

学校説明会〈要予約〉

9月3日(土)　14:00～15:30

10月9日(日)　14:00～15:30

11月5日(土)　14:00～15:30

1月6日(金)　14:30～16:00

※1月6日は入試体験あり

過去問題解説〈要予約〉

12月18日(日)　10:00～12:10

TDU武蔵野祭(文化祭)

9月17日(土)・18日(日)

※ミニ説明会、入試質問室あり

晃華学園《こうかがくえん》中学校

今の学びが将来の自分を作ることを知る
善く生きるための「職業プロジェクト」

中学生の早い時期だからこそ働くことや職業選択について考え、今の学びが将来の自分を作ることを実感してほしいと、昨年晃華学園で行われた「職業プロジェクト」。職業インタビューやパネルディスカッションなどを通して、生徒たちは「働くとはなにか」ということを学び考え、大きく成長しました。この取り組みの様子を、現中2を中1から受け持っている先生方に伺いました。

働く意義を考える「職業インタビュー」

晃華学園中学校（以下、晃華学園）の進路学習は、「善く生きるために」という視点から、社会に出て自立し人とともに生きる自分の姿を想像し、どのように生きるかを考えることから始まります。現中2が中1だった昨年、「今の学びが将来の自分を作るためにあることを実感してもらいたい」と約半年をかけて行われたのが「職業プロジェクト」。「職業について考える」をテーマにLHRと国語の時間の一部で、様々な取り組みを実施しました。

学年主任の川島明子先生は、「職業プロジェクトの一番の狙いは『視野を広げる』こと。瑞々しい感性を持った中学生の早い時期に、多様な価値観に触れることで視野を広げてほしい。そして多くの才能を授けられた生徒たちが6年間の学びを通してさらにそれらを向上させ、他者のために、他者とともに生きる人となって巣立っていってもらいたいという思いも込めて、このプロジェクトを始めました」と話します。

生徒は多くのことを互いに学んだ

まず生徒たちに課されたのは、家族や親戚など身近な人への「職業」にまつわるインタビュー。原稿用紙3枚（1200字）にまとめる夏休みの宿題に取り組みました。D組担任の砂口優子先生は、「働くことのやりがいなどを知り、職業選択がより自分ごとになったのではないかと思います。また職業インタビューを通して、家族や身近な大人の普段とは違う一面に気づいた生徒も多く、新たな会話のきっかけになったというご家庭も多かったようです」と話し、保護者からの反響も大きい取り組みとなりました。

その後、10月のLHRでは清掃員の働き方にスポットを当てたドキュメンタリー番組のDVDを視聴。清掃員という仕事に誇りを持ち、やりがいを感じながら日々励む姿は、生徒たちの心にかなり響いた様子だったそうです。それまで「働くこと＝収入」が大切だという生徒が多数でしたが、同じように「やりがい」も大切だと気づくきっかけになりました。

11月に行われたパネルディスカッションは、先生方が口を揃えて「こちらが驚くほど盛り上がりました！」と話すほど白熱した授業に。「職業選択の際の優先順位について」をテーマに各クラスで実施され、フロア（聴衆）、タイムキーパー、パネリスト、司会者に分かれて、「収入」「やりがい」「社会貢献」「ゆとり」の4つの選択肢を掲げて意見を交わ

担任もフロア（聴衆）として参加したパネルディスカッション

Koka Gakuen Junior High School for Girls

先生に聞きました！ 晃華学園の魅力に迫る！

明るく広々とした校舎で自分らしくありながら、他者とともに生きることを学ぶ晃華学園の生徒たち。そんな彼女たちが持つ魅力や、学校の特長などを先生方にお聞きしました。

写真左から、川島明子先生、森脇佳子先生、鈴木一光先生、岡田昇先生、砂口優子先生

学年主任・川島先生：「晃華学園は、体育祭や文化祭、合唱コンクールなどの全体行事や学年ごとの行事を多様な学びの機会として、その１つひとつをとても大切にしている学校です。様々な個性をもった生徒たちが通っていますが、『ありのままの自分』が尊重された学び舎で、皆自分らしく過ごしています。いつでも安心して健やかに学び、まっすぐに成長できる場所です」

A組担任・森脇先生：「晃華学園で過ごすうちに、自然と考え方が違う他者も受け入れて、相手を認め互いに褒めあえるような心が育ちます。否定されることがない安心感から、自分の考えを隠さずに素直に皆に伝えてみようといった積極性も芽生えるのでしょう。興味のあることがあれば誰でも手を挙げて自由に参加できる。そんな温かい雰囲気がある学校です」

昨年11月に行われた体育祭

深大寺へのミニ遠足

B組担任・鈴木先生：「受験に必要な科目だけでなく実技科目にも力を入れ、また『命』や『感謝』を学ぶ宗教行事などを通して、幅広い学びの機会を用意しています。このように多様な学び場があるということは、その数だけ生徒が活躍する機会があるということ。つまりどの生徒にも、"自分の居場所"が必ず見つかります。それが晃華学園の一番の魅力だと思っています」

C組担任・岡田先生：「晃華学園の生徒のイメージは『まっすぐ育つ』。多彩な行事や毎日の生活を通して、相手の良い部分は素直に認めて、互いを尊重できる生徒が多い印象です。そんな上級生の姿を見ているから、下級生も自然にその精神を身につけるのだろうと思います。卒業後も学校に顔を出したり、何かあれば積極的に協力してくれる卒業生がたくさんいます」

D組担任・砂口先生：「数年前からSDGｓに関する取り組みが盛ん。校内で腐葉土を作ったり、バラを育てたりするほかにも、調布市の中学生が始めた本の無料交換会に参加するなど学校外での活動にも目を向けて、視野を広げています。教員はあくまでサポート役。様々な取り組みや考え方が上級生　から下級生へと受け継がれ、まさに晃華学園の中で"持続可能な"活動が行われています」

しました。

C組担任の岡田昇先生のクラスでは、「いつもはとてもおとなしい生徒がパネルディスカッションでは積極的に発言して、他の生徒も皆驚くほどでした」。A組担任の森脇佳子先生のクラスでは「司会者が上手に仕切って進めてくれたので私の出番はナシ。生徒たちの大きな成長を感じました」と、どのクラスでも他の生徒の意見にきちんと耳を傾けて熱心に聞き、授業の最後には自然と互いの健闘を褒め称えるような拍手が起こったそうです。

自己肯定感を育み 友達の頑張る姿が刺激に

これらの取り組みを通じてそれぞれが学んだことや考えたことを、生徒各自が3枚程度のスライドにまとめました。３学期のＬＨＲでそれをグループ内で発表し、その後、選出されたグループの代表によるクラス内発表を経て、投票で選ばれた各クラスの代表者が学年全体の前で発表する機会も設けられました。「人前で発表することで、より成長したのを感じます。最終発表者の８名だけでなく、それを聞いていた生徒たちが大きな刺激を受けていた様子が印象的です」（砂口先生）

約半年間の職業プロジェクトは、確かな手ごたえを得る結果に。「プロジェクトという名前だけあって、『一大プロジェクトを完走した！』という達成感がどの生徒にもあったように思います。それが自己肯定感を育むことにもつながりました」と話したのは、Ｂ組担任の鈴木一光先生。晃華学園のモットーは『ノーブレスオブリージュ』。自分自身を輝かせながら互いに支えあい、認めあって生きていく大切さを学ぶ教育で、生徒1人ひとりの可能性を高めています。

学校説明会

9月24日(土)　12月12日(月)
両日とも14:00～

6年生対象入試説明会

10月29日(土) 9:30～／13:30～

オープンスクール

11月19日(土) 午後

学校見学会

1月14日(土) 14:00～

すべて要予約

※情勢により変更の可能性があります。事前にホームページをよくご確認ください。

晃華学園中学校〈女子校〉

所在地　東京都調布市佐須町5-28-1
アクセス　京王線「国領駅」・JR中央線「武蔵境駅」スクールバス、京王線「つつじヶ丘駅」「調布駅」・JR中央線「三鷹駅」ほかバス
ＴＥＬ　042-482-8952
ＵＲＬ　https://jhs.kokagakuen.ac.jp/

【タイアップ記事】

生徒の可能性を広げる新たな取り組み

三《み》輪《わ》田《だ》学《がく》園《えん》中学校

1人ひとりを大切にする教育を実践する三輪田学園中学校では、近年、生徒の個性や可能性を伸ばす、新たな取り組みが始まっています。同校独自の英語教育と探究活動についてお伝えします。

＼英語教育／

・高校での英語授業
高校に進学すると、プレゼンテーションをはじめとしたアウトプットの力を重点的に磨けるスーパーイングリッシュコース（SE）が用意されています。

・イングリッシュラウンジ
ネイティブ教員と自由に交流できるイングリッシュラウンジ。昨年度新たに作られたイングリッシュコミッティー（英語委員会）が活動する場でもあります。

3つのグレードに分け 1人ひとりを丁寧に指導

「1人ひとりのレベルに合わせた指導を行い、個々の強みを伸ばしたい」との思いからグレード別英語授業を行う三輪田学園中学校（以下、三輪田）。用意されているのは「英検準2級以上取得者」を対象とした「オナーズクラス」、「英検3級取得者、および、4級〈CSEスコア1000点以上〉取得者」向けの「アドバンストクラス」、前2クラスに該当しない生徒が基礎から学ぶ「スタンダードクラス」の3つです。

ネイティブ教員がかかわる授業時間数や使用する教科書などはクラスごとに異なりますが、全体の授業時間数はいずれも週5時間。そしてどのクラスでも意識しているのは、書く力を高めること。英検取得に向け一定数の単語を習得している生徒であっても、いざ書くとスペルミスをしてしまうことが多いといいます。そのため定期的に小テストを行うことで書く力を強化しているそうです。習熟度に合わせたクラス展開に加え、生徒の様子を見ながら丁寧に指導する、1人ひとりを大切にした三輪田らしい教育といえるでしょう。

中1のアドバンストクラスとスタンダードクラスの授業を担当する松本歩先生は、「グレード別英語授業は2020年度から始まりました。入試時の英検取得級によってクラスが決まりますが、より高い級を取得していくことで進級時にクラスを変更することも可能です。スタンダードからアドバンストへ、さらにはオナーズへとクラスを上がっていけるよう、しっかりと指導しています」と話されます。

School Data

所在地　東京都千代田区九段北3-3-15
TEL　03-3263-7801
URL　https://www.miwada.ac.jp/
アクセス　JR中央・総武線ほか「市ヶ谷駅」徒歩7分、JR中央・総武線ほか「飯田橋駅」徒歩8分

◆ミニ学校説明会
9月 6日（火）　10：30〜11：30

◆学校説明会
9月19日（月祝）
9：30〜10：20/13：00〜13：50
（オープンスクール同日開催）
10月15日（土）　10：00〜11：30
11月 5日（土）　13：30〜14：40

◆入試問題にチャレンジ
10月29日（土）　13：30〜15：00
12月 3日（土）　10：00〜11：30

※すべて要予約。情勢により変更の可能性があるため、事前にホームページをよくご確認ください。

＼MIWADA-HUB／

・英語

「制服は必要か不要か」「AIによる医療は受けるべきか否か」といったテーマについて、英語でディベートやプレゼンテーションに取り組みます。

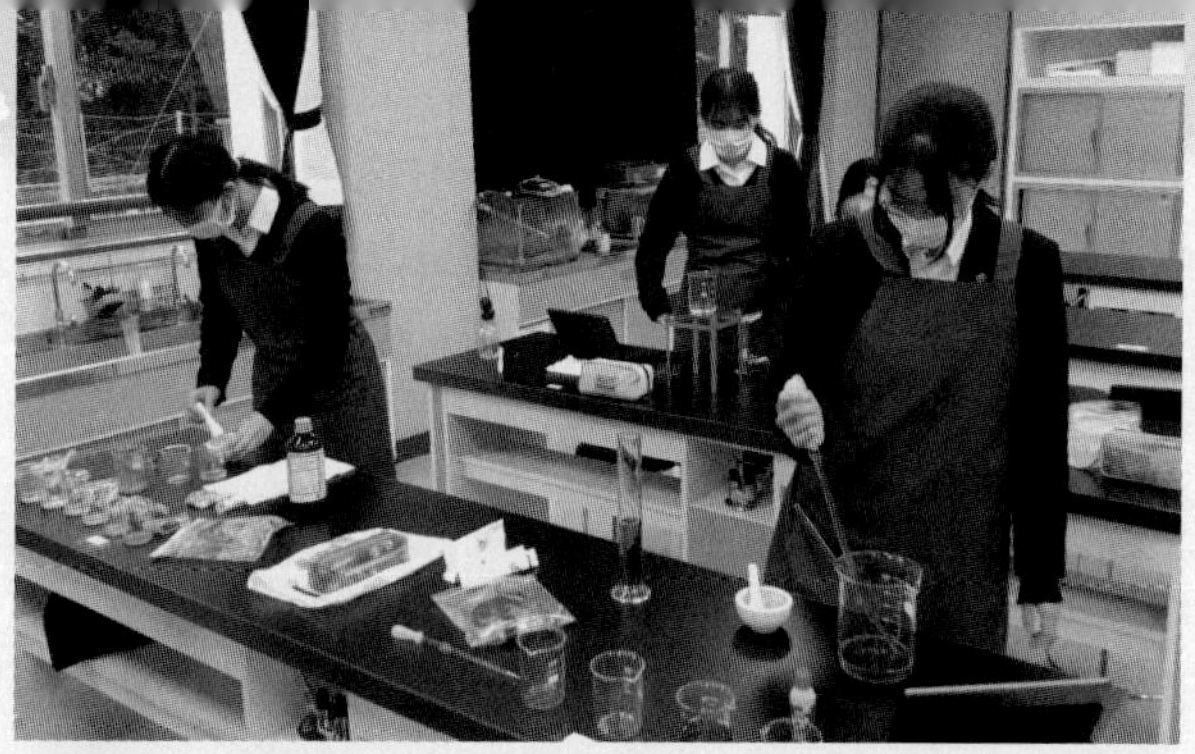

・理科

普段の理科の授業では扱わない高度な実験に取り組めるのも、「MIWADA-HUB」の魅力です。

・情報

プログラミングの基礎を学び、そのうえで、ブロックを使った商品企画にチャレンジします。

・家庭科

「エシカル」をテーマにしたフィールドワークに取り組んでいます。企業の方から、商品作りへの熱い思いを聞きました。

その言葉通り、現中3をみると、入学当初3人だったオナーズクラスに、現在は10人が所属しています。

学校行事ではイングリッシュキャンプやディベート大会などを通じて、クラスの枠を取り払った生徒同士の教えあい、学びあいを促進しているといいます。切磋琢磨することで、三輪田生の英語力はさらに伸びていくのでしょう。

中2で始まった探究活動 中3や高校にも広がる

さて、近年三輪田で新たに始まったもう1つの取り組み、探究ゼミ「MIWADA-HUB」についてもご紹介します。初年度（2021年度）は中2のみの取り組みでしたが、今年度は中3まで対象が広がっています。教科ごとに設定された9講座のなかから、前期・後期で1つずつ選択し、探究活動を行います。「MIWADA-HUB」は、教員と生徒がともに作り上げていくため、どれも独自の内容です。

例えば加納克也先生が担当される国語の講座では、文学作品や映像作品などを対象に各自が問いを立て、探究した成果を発表する予定です。

「ときには全員で正義や平和について話しあうこともあります。国語のゼミだからこそ、言葉を駆使した表現力、コミュニケーション力を高めることを目標としています。聴衆に伝わるプレゼンテーションをするために、話し方や目線の配り方、間の取り方といった細かいところまで学んでいきます」と加納先生。

また三浦楨子先生による家庭科の講座は「エシカル※」がテーマです。

「児童労働について調べたり、オーガニックコットンを扱うアパレルブランドで話を聞いたりしながら、人や環境に優しい生活をするためにはどうすべきか、話しあいを重ねています。活動を通じて生徒が身の回りにある課題に気づき、視野を広げているのを感じます」と三浦先生。

三浦先生は中3のゼミも担当しており、そこでは生徒の希望を反映してテーマや活動内容を決めているそうです。中2での経験を土台として、中3生はより主体的に探究活動に取り組んでいることがわかります。

また、今年度からは高校で探究活動「MIWADA-LAB」がスタート。教科の枠にとどまらない発展的な探究活動が行われています。

生徒それぞれが持つ個性を見出し、伸ばす教育を展開する三輪田。新しく始まった取り組みによって生徒の未来への可能性を広げています。

※多くの人が正しいと考える、人間が本来持つ良心から発生する社会的規範

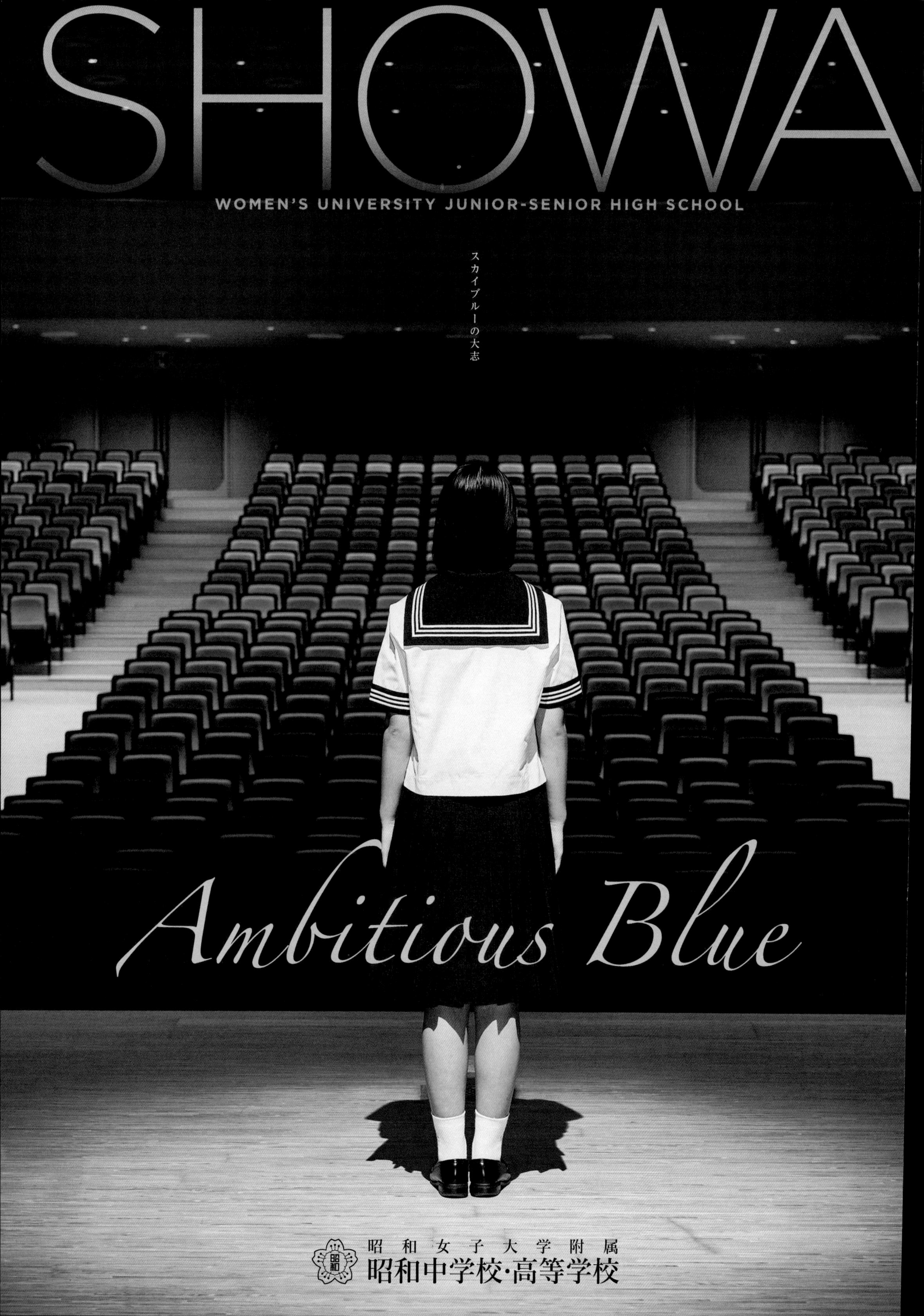
SHOWA
WOMEN'S UNIVERSITY JUNIOR-SENIOR HIGH SCHOOL
スカイブルーの大志
Ambitious Blue
昭和女子大学附属
昭和中学校・高等学校

Ohyu Gakuen
泣こう、笑おう、
輝こう。
学校説明会 10:00〜11:00
【インターネット予約制】
● 9 月 3 日(土)、6 日(火)
●10月29日(土)
●11月15日(火)、18日(金)、19日(土)
● 2 月24日(金)、25日(土)
公開行事
【インターネット予約制】
学園祭[かもめ祭]
● 9 月17日(土)、18日(日)
入試対策講座[WEB]
●12月 7 日(水)
受験会場見学会 9:30〜16:00
●12月11日(日)
鷗友学園女子中学高等学校
〒156-8551　東京都世田谷区宮坂1-5-30
TEL03-3420-0136 FAX03-3420-8782
https://www.ohyu.jp/

Dokkyo Saitama Junior High School

自ら考え、判断することの出来る若者を育てる。

かつて、だれもみたことのない新しい大地を発見しようと夢見た探検家がいました。夢をかなえるためには、「自分で考え、判断することのできる力」が何より必要になります。一人でも多く、そうした若者を育てたい。これが私達獨協埼玉の願いです。

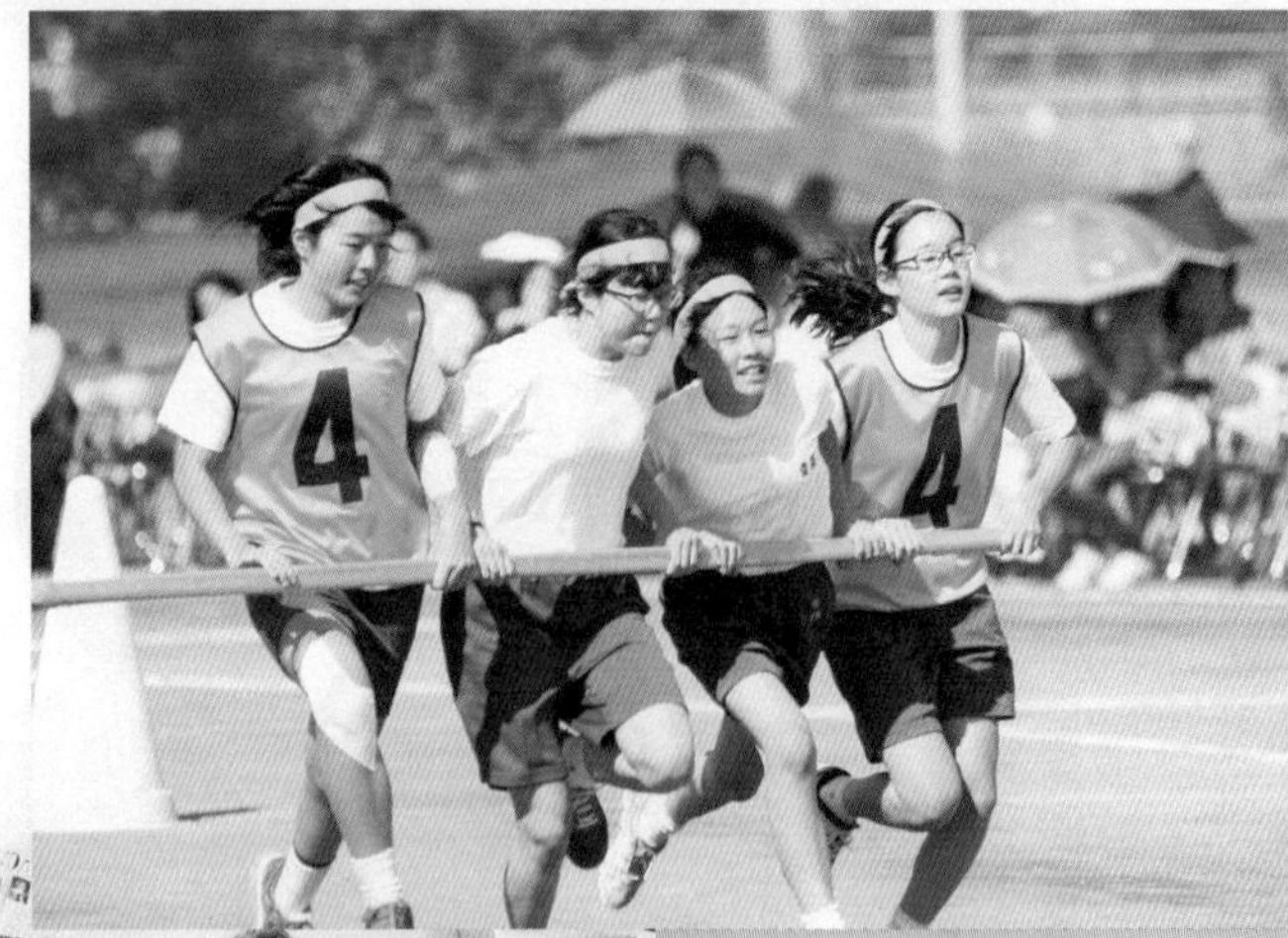

中学校 学校説明会 HPより要予約

9月25日(日) 10:00〜11:30
10月23日(日) 10:00〜11:30
11月20日(日) 10:00〜11:30
12月18日(日) 10:00〜11:30

日時は新型コロナ感染症の影響で変更・中止される場合もあります。
最新情報をHPでご確認ください。

獨協学園
獨協埼玉中学校

《交通》
東京メトロ日比谷線・半蔵門線乗り入れ
東武スカイツリーライン「せんげん台」駅西口
下車バス5分

〒343-0037 埼玉県越谷市恩間新田寺前316　代表:048-977-5441

https://www.dokkyo-saitama.ed.jp/

早稲アカ
併用コース

この秋、入試に向けた得点力を伸ばす

「個別指導」という選択肢

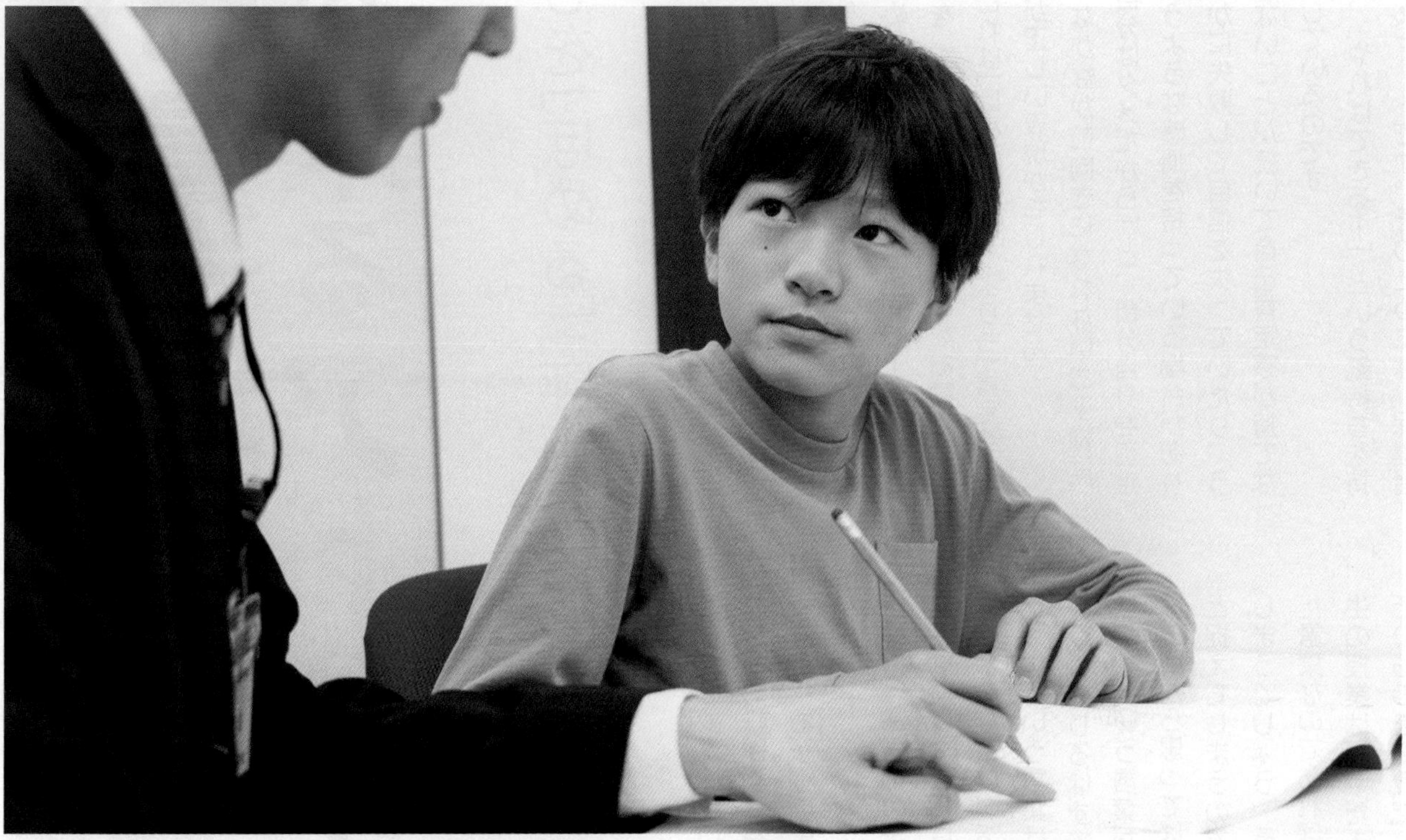

集団校のフォローアップをすき間時間で効率的に！

志望校に合わせた対策授業・過去問指導

早稲田アカデミー個別進学館に通った生徒の成績向上例

2021年度
四谷合不合判定テスト
偏差値推移

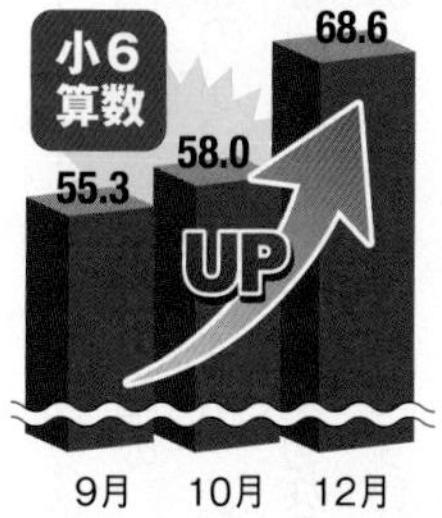

2021年度
合判模試
偏差値推移

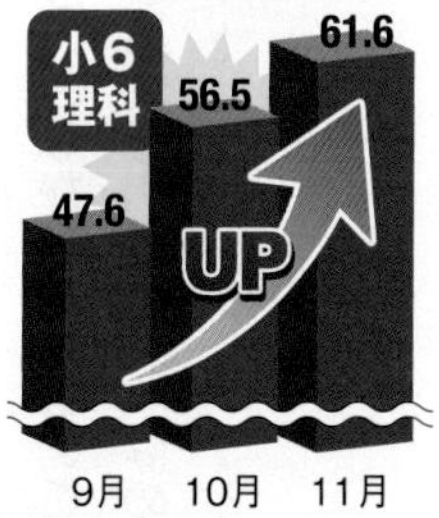

2021年度
四谷大塚組分けテスト
偏差値推移

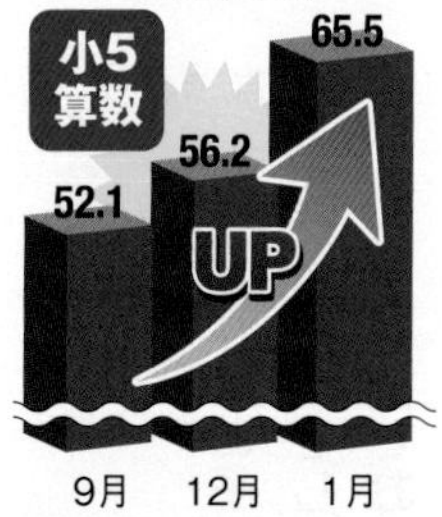

2021年度
四谷大塚組分けテスト
偏差値推移

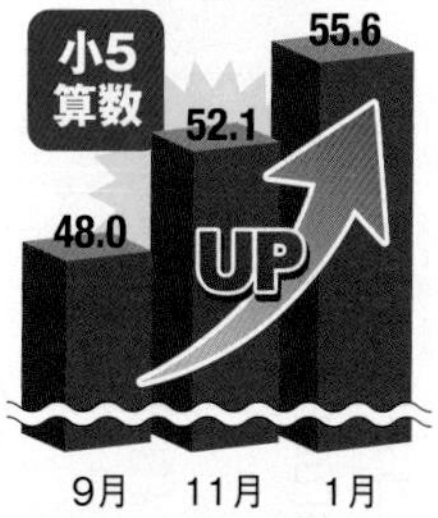

2021年度
四谷大塚組分けテスト
偏差値推移

オンライン個別指導実施中！

校舎での「対面授業」、
自宅での「オンライン授業」の
切り替えOK!

ご入塾までの流れ

❶ お問い合わせ（電話またはWeb）
▼
❷ 個別面談（要予約）
▼
❸ 学習プランのご提案

→ 初回授業スタート！

短期
受講可能

早稲田アカデミー個別進学館

お問い合わせはお近くの
個別進学館校舎まで

早稲アカ個別 検索

誰もが抱える悩みをパパッと解決！

福田貴一先生の福が来るアドバイス

子どもを「ほめる」「評価する」

早稲田アカデミー
教育事業本部副本部長
福田　貴一

前向きに学習に取り組み、成績を上げていくための前提となるのが、お子様自身の「やる気」です。その「やる気」を引き出すために一番大切なのが「ほめる」ことになります。よくいわれることですが、やはり子どもは「ほめて伸ばす」のが基本だと考えています。その一方で、「ほめる」というのはなかなか難しいことでもあります。今回はお子様のやる気を引き出す「ほめ方」について考えます。

存在そのものを「肯定する」

お子様をほめる場合、私は具体的な行動や結果を「ほめる」よりも先に、まずお子様の存在そのものを「ほめて」あげることをお勧めしています。これは「ほめる」というよりも「肯定する」というのが正しい表現かもしれません。

勉強になかなか前向きになれないお子様は、「どうせ自分はダメだから」と、自分自身を否定してしまうような感情を持っている場合があります。何かに失敗して自信を失っていたり、うまくいかないことが続いて自己肯定感が持てなかったりしているのです。

まずは、「やればできる！」という気持ちを持つことがスタートです。そのためには、保護者様がお子様を全人格的に認め、肯定してあげることが必要ではないでしょうか。「大丈夫！　あなたはやればできるから！」。保護者様のそんな一言で、お子様の気持ちは大きく変わるはずです。

逆に、お子様の全てを否定してしまうような言葉は避けなくてはなりません。「やっぱり、あなたはダメね」という言葉。「あなたはダメ」という言葉は、自分の全てが否定されたように感じるはずです。そこに、さらに「やっぱり」という言葉がつくことによって、お子様は「前から思ってはいたけれど、やっぱり……」と捉えてしまうので、気持ちは大きく傷付いてしまうでしょう。それが塾の先生から掛けられた言葉なのであれば、「自分を否定するような先生の授業はイヤだ！」とクラスを変えたり、塾そのものを変えたりすることができます。しかし、お父様やお母様の言葉だった場合はどうでしょうか。お子様は悲しい顔で下を向くしかできなくなってしまいます。何気なく口にしてしまった一言でお子様を傷付けてしまうことのないよう、心にとめていただければと思います。

やる気を継続させる「ほめ方」

お子様が自己肯定感を持てるようになり、「やる気」も生まれ、ある程度勉強が軌道に乗ってきたら、今度はその「やる気」を継続できるように働き掛けることが必要になってきます。このタイミングで効果を生むのが、具体的な行動や結果を「ほめる」ことです。ところが、大人にとってはここがなかなか難しいポイントです。

大人の目から見れば、小学生のお子様の行動にはまだまだ物足りないところが多いものです。家庭学習についても、「もっと集中できるはずな

のに」「もっと長い時間頑張ってほしい」……そう思われることもあるでしょう。そんなときには、半年前、３か月前のお子様を思い出してみてください。きっと、お子様の成長に気が付くはずです。過去のお子様を評価の基準にすれば、行動の変化が明確になります。それこそが「ほめる」べきポイントです。万が一、過去と比較して悪くなっているところがあれば、その点を具体的に注意すればよいのです。

結果を「評価する」

テスト結果が返されたときに、得点や偏差値を見て「ほめる」「叱る」のは簡単です。前回よりもよい結果だったときや目標点（偏差値）に到達したときは、手放しでほめてあげてもよいでしょう。また、予想外に悪かった場合、お母様が悲しい顔を見せることもときには必要です。

ただ、点数の良し悪しだけにこだわってほめたり叱ったりしていると、お子様が「点数さえ取れれば何をしてもいい」と思ってしまう危険性も出てきます。また、お子様が納得できないような叱り方をされた場合、学習に対する前向きな気持ちが損なわれてしまうこともあり得ます。そうならないためにも、結果を正しく「評価してあげるようにしてください。私は、結果に関しては「ほめる」「叱る」よりも「評価する」ことの方が大切だと考えています。「計算問題と一行問題が全部正解だったのはよかったね」「記述問題で空欄を残してしまったのは、よくなかったね」というような「評価」です。「今回は漢字練習をしっかりやったので、満点が取れたね」という言葉のなかには「ほめる」言葉は含まれていませんが、お子様は「頑張ったね」「よくできたね」以上にうれしく思うはずです。

「プラス」の感情を子どもに伝える

子どもを指導するときには、「怒る」「叱る」「注意する」「評価する」の四つの方法があります。私が塾でお子様を指導する際、基本的には「注意する」「評価する」という指導を行いますが、ときには「叱る」こともあります。塾において「怒る」というのは「感情的に叱る」ことだと考えていますので、絶対に避けるようにしています。

親子の場合、「感情的」にならないようにするのはなかなか難しいことでしょう。とはいえ、やはり「マイナス」の感情をお子様にぶつけることは、なるべく避けた方がよいと思います。大人から「マイナス」の感情をぶつけられても、子どもはそれを処理することができませんから、自分のなかにため込んで心に傷をつくってしまうことにもつながりかねません。

逆に「プラス」の感情は、伝えることでよい結果が生まれます。お子様だけではなく大人でもそうだと思いますが、「自分がやったことで誰かが喜んでくれる」と思うことで、より前向きな気持ちが生まれてきます。お子様がそう思えるようにすることが、親のできる一番大きな応援でありサポートであると、私は考えています。

スズムシはどうして鳴くの？

秋が近付いてくると、日が暮《く》れるにつれて草むらから聞こえてくるさまざまな虫の声。なかでも涼やかな鳴き声で親しまれているのがスズムシです。スズムシはなぜ、どうやってあの美しい音を出しているのでしょうか？　今回は、スズムシの鳴き声のひみつについて足立区生物園の中村玲子さんに教えていただきました。

記事内の写真は足立区生物園提供（「編集部撮影」を除く）

教えていただいたのは…

足立区生物園
解説員
中村《なかむら》 玲子《れいこ》さん

そもそも“鳴いて”いない!?

スズムシは、翅《はね》の根元をこすり合わせてあの美しい音を出しています。人間や動物の体には声帯《せいたい》（声や鳴き声を出す器官）がありますが、昆虫にはそれがありません。ですから、セミやスズムシのように音を発する虫は、正確には「鳴いている」わけではなく、音を発する様子を「鳴く」と例えて表現しているのです。

秋にしか鳴かない？

スズムシの声を野外で耳にするのは、ふつう夏の終わりから秋にかけてです。この時期にスズムシが成虫になり、繁《はん》殖《しょく》の季節を迎えるからです。一方、気温をコントロールして成虫になるタイミングをずらせば、秋以外の季節にスズムシを鳴かせることも可能です。スズムシの卵は、冬のように気温の低い時期を経ないとふ化しません。産卵後すぐに卵を冷蔵庫に入れ、その後温かいところに移すことで、野外よりも早くふ化させることができます。

メスがいないと鳴かない？

スズムシのなかで、鳴くのはオスだけです。音を出すことで、メスに自分の存在をアピールしているのです。しかし、メスがいないと鳴かない、というわけではありません。オス同士で縄張りを主張するために鳴くこともあります。

どうやって聞いている？

スズムシは、他のスズムシの鳴き声をどうやって聞いているのでしょうか？　実は、スズムシにはオス・メスともに、前脚の関節部分に人間の「耳」にあたる聴覚器官《ちょうかくきかん》があります。ここで音を感じ取り、聞き分けています。

鳴き声の種類

「リーンリーン……」
近くにいるメスにアピールする鳴き方で、最もよく聞く美しい鳴き声。

「リリリリリ……」
遠くにいるメスに呼びかける鳴き方。

「リーッ、リーッ」
オスに対して縄張《なわば》りを主張する鳴き方。

メス

編集部撮影

メスはオスに比べて翅の横幅が狭く、全体的に少しほっそりしています。また、お尻に針のような産卵管《さんらんかん》があるのが特徴です。この産卵管を土の中にさし入れて卵を産みます。

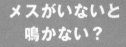

翅《はね》にかくされたひみつを探《さぐ》れ！

右と左で翅のかたちが違う！

オスのスズムシの翅は、左右でかたちが異なっています。一方の翅にはヤスリの歯のようにギザギザとした部分があり、もう一方にはヤスリ部分をこするための突起があります。２枚の翅をこすり合わせて音を出し、その音を鏡のような部分で増幅させて響かせています。昆虫のなかで、左右非対称な翅をもつ種類はそれほど多くありません。

飛ぶための翅を自分で落とす!?

普通、スズムシが空を飛ぶことはありません。しかし、羽化《うか》したばかりのスズムシは、街灯や自動販売機の明かりに向かって飛ぶこともあります。スズムシは、羽化したときには４枚の翅を持っています。しかし１週間程度で、音を出すために必要な前の翅を残し、飛ぶために必要な後ろの翅２枚を自分で落としてしまうのです。

スズムシの1年

秋が深まると、スズムシたちは一生を終えて姿を消します。でも、土の中には卵が眠っていて、翌年のふ化の季節を待っています。

卵のまま
土の中で冬を越《こ》す

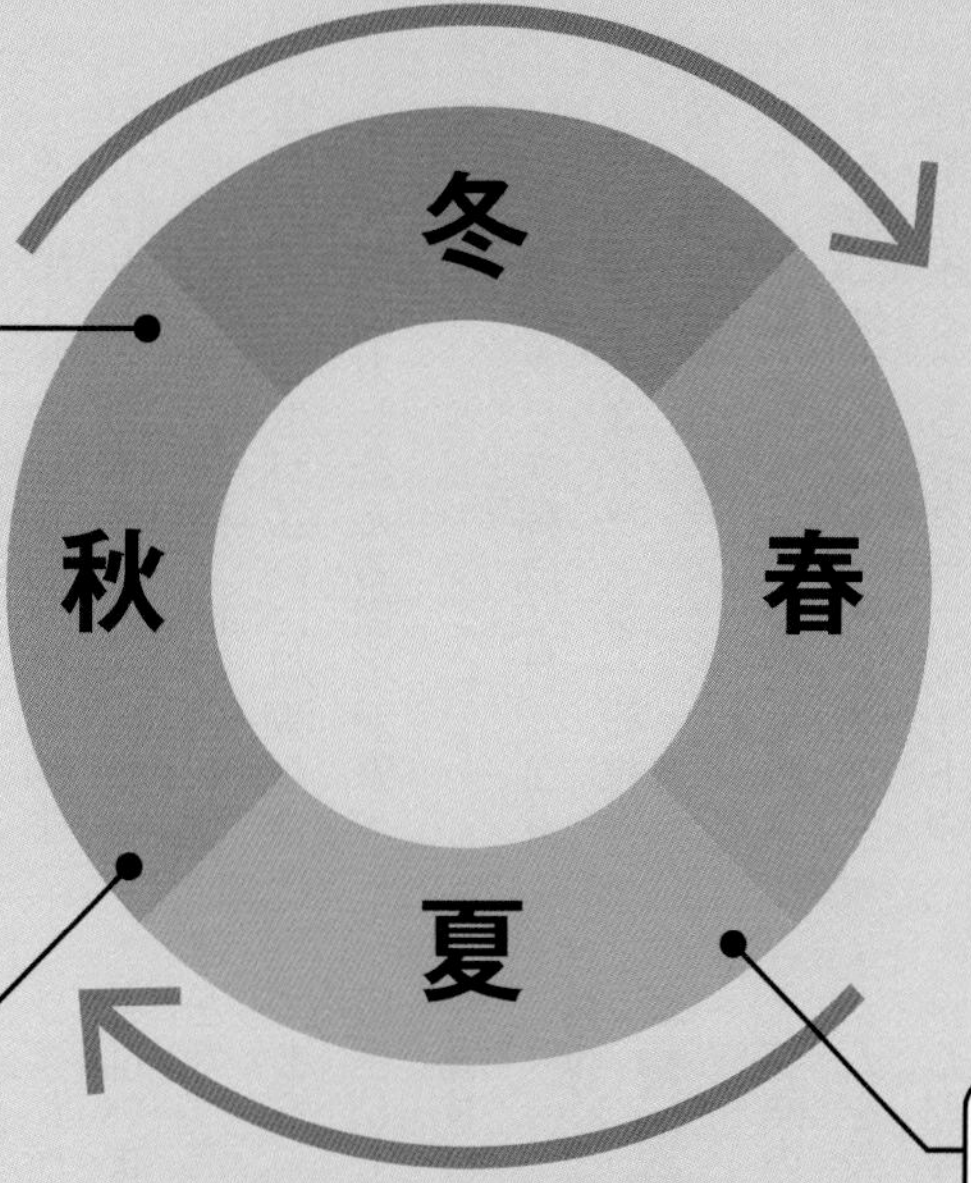

ふ化する

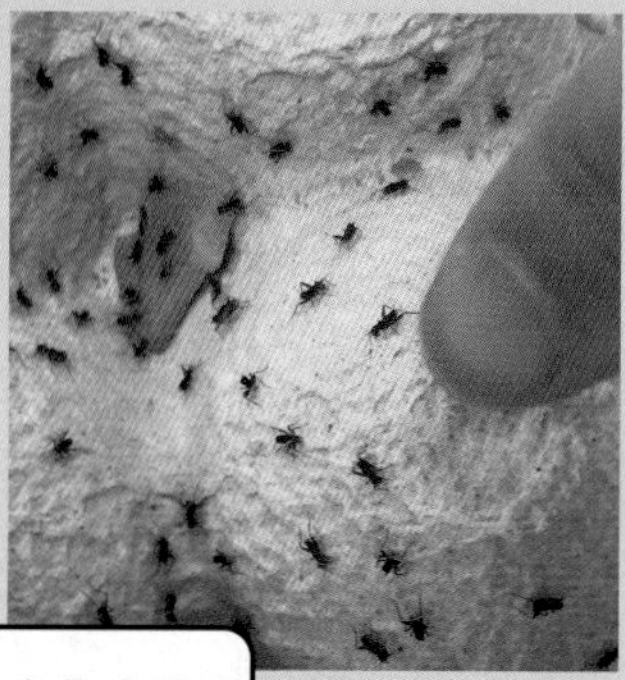

脱皮を繰り返しながら成長し、
羽化《うか》する

羽化して成虫になり、
オスは鳴き始める

土の中に卵を産み、
一生を終える

編集部撮影

家で飼育する場合のポイント

オスとメスを一緒に飼っていた場合、成虫がいなくなった後も土の中には卵がある可能性があります。暖房の効いた部屋を避け、玄関やベランダなど外の気温に近いところで保管してください。また、乾燥を避けるため、定期的に霧吹きなどで水分を与えましょう。

代表的な秋の鳴く虫

エンマコオロギ
コロコロコロリー……

クツワムシ
ガチャガチャガチャ…

マツムシ
ピッピリリ、ピリリ……

カンタン
ルルルルルル……

INFORMATION

足立区生物園
https://seibutuen.jp/

昆虫や魚、両生類やは虫類、そしてほ乳類まで、生きものいっぱいの動物園!! 1年中チョウが飛び交う「大温室」や、自分で里山の虫たちを探せる「昆虫ドーム」など、楽しみながら生きものについて学ぶことができます。また、絶滅危惧種の保全活動にも取り組んでいます。

〒121-0064 東京都足立区保木間2-17-1　TEL 03-3884-5577（代表）
●開園時間／9：30〜17：00（11月〜1月は9：30〜16：30、入場は閉園の30分前まで）
●休園日／月曜日、年末年始（12月29日〜1月1日）
※月曜日が休日および「都民の日」の場合は翌平日が休園
●入園料／大人（高校生以上）300円、小人（小中学生）150円、未就学児無料
●アクセス／東武スカイツリーライン「竹ノ塚駅」より徒歩20分、
東武バス「花畑団地行き（保木間仲通り経由）」で
「保木間仲通り」下車徒歩10分ほか
※情勢によって営業形態が変化する場合があります。事前にWebサイトをご確認ください。

足立区生物園
Adachi Park of Living Things

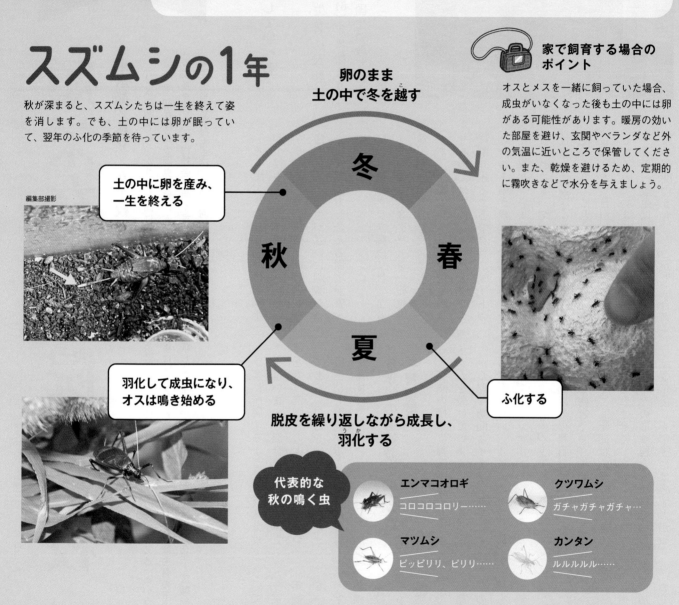

帰国生受入れ校
訪問記

帰国生を積極的に受け入れている学校の魅力に迫ります。

頌栄女子学院中学校

東京都／私立／女子校

「日本の国をしっかりした国にするには、女子に教育を授けることが最も大切なことの一つである」という確信から、初代校長の岡見清致によって1884（明治17）年に設立された頌栄女子学院。キリスト教主義の下、心の成長を育み、現代社会で強く求められる全人教育を実践しています。今回は、広報部長の湯原先生と広報部帰国生担当の亀村先生にお話を伺いました。

帰国生が安心して学べる「混合クラス」

本校の帰国生受け入れは1986（昭和61）年に始まり、36年もの間、帰国生の教育に携わってきました。

そして、この15年間では帰国生が全校生徒の20％を超える状態となり、海外での多様な経験をもつ帰国生と一般生が互いに刺激し合い、また協力し合える環境が整っています。

入学後のクラス編成では、全5クラスのうち3クラスを一般生と帰国生の「混合クラス」としています。帰国生を5クラスに分散させるのではなく、あえて3クラスに割り振ることでクラスメイトの3分の1強が帰国生である環境を作り出しています。

これによって、帰国生の皆さんは誰に遠慮することなく英語を使ったり、これまでの経験を発信したりと、自由にのびのびと活躍してくれています。

また一般生は、少なくとも中学校3年間のうち、どこかで混合クラスに所属するようにクラス分けを行います。混合クラスで学ぶことで、帰国生の大きな魅力の一つである「自己を主張する力」が一般生にも波及することを期待しています。

6年後の選択肢が広がる学習環境

英語の授業は帰国生用カリキュラムを設けています。中学1年生から週4時間ネイティブ講師による授業を行い、4技能の育成に加え、プレゼンテーションなどアウトプットする力も磨いていきます。

英語以外の科目はすべて一般生と同じ内容です。そのため、入学後の1、2年間は学習に苦労するかもしれません。しかし、コツコツと日々の取り組みを続けていけば3年後、4年後には必ず力がついていますのでご安心ください。

実際、本校の帰国生の多くは6年後、国公立大学や難関私立大学を一般入試で突破していきます。

学習面や進路に関する相談は進路指導室で受け付けていますし、本校教員には自身が帰国生だった者も多くおりますので、同じ境遇で学んできた教員に相談することもできます。

高校2年生からは、文理コース別のカリキュラムになります。英語も習熟度別になり、それぞれの希望する将来に向けて学びを深めていきます。

英語力を発揮できる英語一科目入試

帰国生入試では英語の筆記試験に加えて英会話の試験も実施しており、総合的な英語力を発揮して

所在地：〒108-0071
東京都港区白金台2-26-5
（地下鉄都営浅草線「高輪台駅」徒歩1分）
TEL：03-3441-2005
URL：https://www.shoei.ed.jp/

いただける試験となっています。

また、これまではフィクションのエッセイが試験に盛り込まれていましたが、2022(令和4)年度よりノンフィクションのエッセイへと変更しました。ノンフィクションエッセイを通じて、英語力と同時に、世の中の出来事について情報を敏感にキャッチし、それに対して自分なりの考えをもつ力を確認したいと考えています。

普段から英字新聞を読むなど、日常のことにもアンテナを張りつつ、自分の意見を論理的にアウトプットする練習を重ねることが試験対策につながるでしょう。

問題は英検2級を目安に作成していますが、これまで合格した受験生を見ると準1級レベルの力を持っていることが多いです。試験に不安がある方は、英字新聞やクラシカルな英語の文章などを多く読んでいただき、語彙の幅を広げていただくとよいと思います。

広報部長
湯原《ゆはら》 和則《かずのり》先生

広報・帰国生担当
亀村《かめむら》 英俊《ひでとし》先生

2023年度より門戸が広がる帰国生入試

2023(令和5)年度より、帰国生入試に国語・算数・英語の試験が加わり、出願要件も緩和します。アジア圏からの帰国生が増えていることを受け、今まで以上に多様な経験をもつ各国の受験生にチャレンジしてもらいたいという思いから新設しました。

英語の試験内容は英語一科目入試と同様で、国語・算数は一般試験よりも少し易しい内容を予定しています。英検2級程度の英語力を持ち、国語・算数の学習に取り組んできた受験生の皆さんにとって力を発揮しやすい受験方法となっています。

本校では帰国生受け入れの長い歴史の中で、帰国生と一般生が相互に高め合う環境を確立してきました。今後も「海外での経験を発信できる力」を強みに、本校での学校生活を楽しみながら活躍できる皆さんをお待ちしています。

港区の保護樹林に囲まれた校庭

入試情報

2023年度　入試情報

試験区分	帰国生入試(12月)	帰国生入試(2月)
募集人数	特に定めず	特に定めず
出願期間	2022年11月7日(月) ～2022年11月25日(金)	2023年1月10日(火) ～2023年1月26日(木)
試験日	2022年12月10日(土)	2023年2月1日(水)
合格発表日	2022年12月11日(日) 9:00Webで発表	2023年2月2日(木) 9:00Webで発表
選考方法	【英語入試】英語Ⅰ・英語Ⅱ・英会話・面接 【3教科入試】英語Ⅰ・英語Ⅱ・英会話・国語・算数・面接	【英語入試】英語Ⅰ・英語Ⅱ・英会話・面接

2022年度　入試結果

試験区分	帰国生入試(12月)	帰国生入試(2月)
募集人数	特に定めず	特に定めず
試験科目	【英語入試】英語Ⅰ・英語Ⅱ・英会話・面接	【英語入試】英語Ⅰ・英語Ⅱ・英会話・面接
応募者数	158名	26名
受験者数	145名	25名
合格者数	85名	12名

2022年度大学合格実績

国公立大	合格者数
東京大学	1名
東北大学	2名
一橋大学	8名
筑波大学	3名
東京外国語大学	11名

私立大	合格者数
早稲田大学	106名
慶應義塾大学	98名
上智大学	151名
東京理科大学	38名
国際基督教大学	8名

※大学合格実績は全卒業生のもので、帰国生のみの実績ではありません。

体の大きさも食べ物もすむところも、みんな違うからおもしろい！　生きもののさまざまな魅力を専門家の方に教えていただく「サクセス動物園」。今回は、カワウソの仲間で冷たい海にすむ、しぐさがとってもかわいらしい「ラッコ」について、三重県・鳥羽水族館の世古篤史さんに教えていただきました。

※写真は全て鳥羽水族館提供

サクセス動物園 #23 ラッコ

ラッコ YES! NO! クイズ

Q1　ほ乳類のなかで一番毛の密度が高い。　YES!　NO!

Q2　体に“ポケット”のようなところがある。　YES!　NO!

Q3　日本でラッコを見られる施設は2か所だけ。　YES!　NO!

記事のなかに答えがあります！

海にすむほ乳類の仲間

海での生活に適応したほ乳類のことを「海棲《かいせい》（生）ほ乳類」と呼びます。海棲ほ乳類には、クジラ・イルカの仲間、アザラシ・アシカの仲間、ジュゴン・マナティーの仲間のほか、ラッコやホッキョクグマなども含まれます。海にすむといっても、その暮らし方はさまざま。クジラやイルカのようにずっと海中で過ごす種類もいれば、必要に応じて海の中に入る種類もいます。ただし、肺呼吸をしている点は共通しているため、クジラやイルカであっても必ず定期的に水面に出て酸素を取り込む必要があります。

ラッコ DATA

【体長】オス：120〜140センチメートル
　　　　メス：100〜130センチメートル
【体重】オス：25〜40キログラム
　　　　メス：20〜30キログラム

ラッコは北太平洋の水温が低い浅瀬の海で暮らしていて、すんでいる地域によって「チシマラッコ」「アラスカラッコ」「カリフォルニアラッコ」の3種類に分けられます。気温や水温が低いところで暮らす動物の多くは、皮下脂肪《ひかしぼう》を蓄えて寒さから身を守っています。一方、ラッコには皮下脂肪がほとんどありません。その代わりに体毛の密度がほ乳類のなかで一番高く、この毛の間に空気をためて体温を保っています。

ラッコ大図鑑

知っているようで、意外と知らない!?
ラッコの体のひみつや生態について、
世古さんにくわしく教えていただきました。

右：鳥羽水族館生まれのメイ（メス・18歳）
左：アドベンチャーワールド（和歌山）生まれのキラ（メス・14歳）

鳥羽水族館
飼育研究部
（ラッコ担当）
世古《せこ》 篤史《あつし》さん

道具

ラッコは道具を使うことができる動物です。貝を食べるときには前足を器用に使ってお腹の上で石にぶつけ、取り出して食べます。また、わきの下の皮ふのたるんでいる部分をポケットのように使い、石や貝殻をいくつも持ち運ぶことができます。

お気に入りの貝殻を
ポケットへ！

海上での暮らし

ラッコは食べ物を探すときだけでなく、食べるのも、眠るのも海上で行います。ときどき岩場に上がって休けいすることはありますが、出産するのも海の上。生まれた子どもはお母さんのお腹の上で大きくなります。

後ろ足で立つ！

後ろ足の指の間には水かきがあり、ひれ状になっています。野生ではほとんど見られませんが、水族館では二本足で立つこともあります。

学習能力

ラッコは学習能力が高く、教えられた行動を再現することができます。鳥羽水族館では、飼育員さんの指示で「いただきます」「バイバイ」などのしぐさをしたり、食べ物を取るために大きくジャンプしたりする様子を見ることができます。

飼育員さんとの
コミュニケーション

ほっぺに手を当てる
メイの得意ポーズ！

日本でラッコが見られなくなる!?

約30年前まで、日本では研究・教育のための展示を目的に多くのラッコが飼育されていました。しかし、現在ラッコを飼育しているのは鳥羽水族館を含めて2つの施設のみ。メスのメイとキラの他、日本にいるラッコはオス1頭だけです。飼育環境下でラッコの繁殖《はんしょく》能力《のうりょく》が衰《おとろ》えてしまい、数が激減してしまったのです。3頭だけでは繁殖ができず、さらにこれまで日本にラッコを輸出していたアメリカも原則輸出禁止に。このままでは、日本でラッコを見ることができなくなってしまうと考えられています。ラッコの姿を、世界の海、そして水族館から消さないために——今は各国で、ラッコの保護・繁殖・展示に関する研究活動が行われています。

世古さんからのメッセージ

「かわいい！」「カッコいい！」「面白い！」と思う—— 生きものに興味を持つきっかけは、そういった小さなことでいいと思います。ラッコの存在が、みなさんにとってそんなきっかけの一つであるために、少しでも長く飼育できるよう努力しています。

\ 海の中には不思議がいっぱい！ /

・鳥羽水族館で会える、海の生きものたち・

※写真は全て鳥羽水族館提供

ジュゴン

分布：熱帯から亜熱帯の浅い海

「人魚伝説のモデルになった」といわれますが、環境破壊により世界中で数が激減しています。世界中でも鳥羽水族館とシドニー水族館（オーストラリア）でしか飼育していません。穏《おだ》やかな性格で、アマモなどの海草を食べます。

スナメリ

分布：中国から日本の沿岸

イルカの仲間で、背びれがないのが特徴。東京湾にも生息する、とても身近な存在です。

鳥羽水族館では2022年5月と6月、スナメリの赤ちゃんが誕生しました。現在、子育ての真っ最中です！

ダイオウグソクムシ

分布：メキシコ湾の水深170～1200メートル

最大50センチメートル近くになる、世界最大のダンゴムシの仲間。鳥羽水族館では、過去に飼育していた個体が５年以上エサを食べずに生き続けました。通常は毎月1回、イカやサバを与えています。

パラオオウムガイ

分布：パラオ近海など、西太平洋の亜熱帯

貝ではなく、実はイカやタコと同じ頭足類《とうそくるい》に分類されます。その誕生はアンモナイトよりも古く、４億年以上昔と考えられていて、「生きる化石」と呼ばれています。

INFORMATION

鳥羽水族館

https://aquarium.co.jp/

TOBA AQUARIUM

三重県鳥羽市にある、日本最大級の水族館。自然の環境を再現した12のゾーンで、約1200種類の海や川の生きものが飼育・展示されています。

〒517-8517 三重県鳥羽市鳥羽3-3-6　TEL：0599-25-2555（代表）

●開園時間／9：00～17：00（季節によって変動あり／入館は閉館の1時間前まで）

●休 園 日／年中無休

●料　　金／大人2,800円、小人（小・中学生）1,600円、幼児（3歳以上）800円

●アクセス／JR・近鉄「鳥羽駅」より徒歩約10分

※情勢によって営業形態が変化する場合があります。事前にWebサイトをご確認ください。

みんなの動物アンケート

〈前回の結果〉

大型類人猿《おおがたるいじんえん》のなかで、みんなが友達になりたいのは……

ゴリラでした！

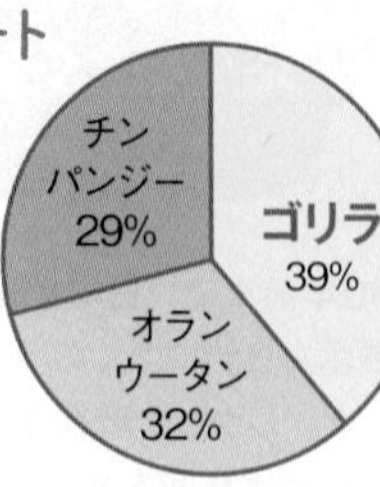

動物アンケートは、今回で終了です。
回答を寄せてくれた皆さん、ありがとうございました！

クイズの答え　Q1：YES　Q2：YES　Q3：YES

知ると誰かに話したくなる！

ねえ、知ってる？

天才音楽家たちの意外な素顔 モーツァルト・ベートーヴェン

【クイズ】

次の中で本当にあったお話はどれでしょう？

① モーツァルトが作曲を始めたのは30歳になってから。

② ベートーヴェンは耳が聞こえない状態で作曲していた。

③ モーツァルトとベートーヴェンは同い年である。

もうすぐ「芸術の秋」。皆さんは、クラシック音楽を聴いたことはありますか？　バッハ、ショパン、ハイドン、シューベルト……。音楽の授業でさまざまな音楽家について習うけれど、肖像画《しょうぞうが》を見るとみんな似たような髪型《かみがた》で誰が誰だかわからない、という人もいるかもしれません。でも、教科書に載っているような、遠い国の、はるか昔の人物たちにも、一人ひとりに興味深いエピソードがあります。今回はモーツァルトとベートーヴェン、二人の有名な音楽家について紹介します。

「神童《しんどう》」モーツァルト

「♪きらきらひかる　お空の星よ……」で始まる童謡《どうよう》「きらきら星」。皆さんも、小さなころに歌ったことがあるのではないでしょうか。この曲はもともとフランスでつくられた歌でしたが、モーツァルトが「きらきら星変奏曲《へんそうきょく》」というピアノ曲にアレンジ。この曲がイギリスに伝わり、さらに別の詩がつけられて世界中に広まっていきました。

1756年、ヴァイオリニストの父のもとに生まれたモーツァルトは、幼いころから類《たぐ》いまれな音楽の才能を発揮し、「神童」と呼ばれていました。

3歳のときには姉の演奏を聞いただけで自分でもチェンバロ（ピアノの原型となった楽器）を弾《ひ》き、なんと5歳のときに初めて作曲をしたといわれています。6歳になるころには各地で演奏会を開き、その名はヨーロッパ中に知れ渡っていきました。

優れた才能を早くから発揮したモーツァルト。しかし、モーツァルトの才能をねたんだ他の音楽家に演奏会を邪魔《じゃま》されてしまうなど、その人生には困難も多かったといわれています。冗談《じょうだん》好きで楽天家だった一方、浪費《ろうひ》家《か》でもあった彼はいつもお金に困っていて、

生活は決して豊かとはいえませんでした。重い病気にかかり、35歳という若さで亡くなってしまいますが、そのときモーツァルトの家にはお墓《はか》を用意するお金もなかったといいます。そのため、世界中にその曲が愛されているにも関わらず、彼のお墓がどこにあるのか、知っている人はいません。

「苦悶《くもん》の天才」ベートーヴェン

「♪ジャジャジャジャーン！」という印象的な響きで始まる、交響曲《こうきょうきょく》第5番「運命《うんめい》」。この曲を生み出した天才・ベートーヴェンは、モーツァルトと14年差で生まれました。同じ時代に生まれた2人の天才。実は、ベートーヴェンが才能を開花させた背景には、モーツァルトの存在がありました。彼の評判を聞いたベートーヴェンの父が、自分の息子も「神童」として育てようと考えたのです。厳しいレッスンが深夜まで続くこともありましたが、音楽が大好きだったベートーヴェンは、めげることなくその才能を開花させていきます。しかし、20代後半になったころ、彼に悲劇《ひげき》が訪れました。音楽家にとって大切な耳が、聞こえなくなっていったのです。一度は絶望したベートーヴェンでしたが、その悲しみすらも音楽にぶつけることで、音楽史に残る大作を次々と完成させていきました。

かんしゃく持ちで不器用な性格だったベートーヴェンですが、人々から深く愛され、56歳で亡くなったときには、お葬式《そうしき》におよそ2万人もの人が参列したといわれています。「神がもし、世界で最も不幸な人生を私に用意していたとしても、私は運命に立ち向かう」。ベートーヴェンの人生は、まさに彼のこの言葉を体現《たいげん》したものだったのかもしれません。

対照的な人生を送った、モーツァルトとベートーヴェン。2人がつくった名曲の数々は、時間をこえて今も世界中で愛されています。少し涼しくなってきた秋の日、その人生を思い浮かべながら鑑賞《かんしょう》してみませんか？

参考：ひのまどか（監修）『教科書にでてくる 音楽家の伝記』講談社、2017年
三枝成彰『大作曲家たちの履歴書（上）』中央公論新社、2009年　ほか

クイズの答え／②

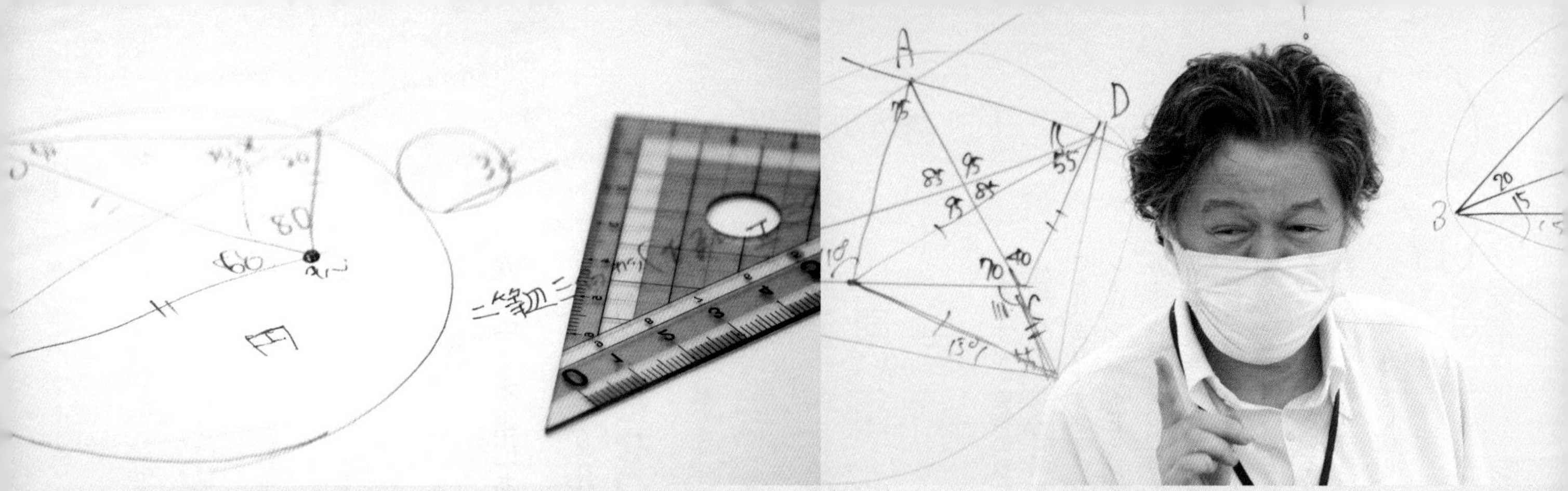

早稲田アカデミー
大学受験部
授業ライブ

#01 数学／白濱《しらはま》 裕司《ゆうじ》 先生

"勉強"のススメ
―だから学びは面白い！

今、勉強しているのは受験のため？ 勉強を続けると見えてくるものは？
早稲田アカデミー大学受験部の授業をのぞいてみると、そのヒントが見つかるかもしれません。
第1回は、白濱裕司先生の数学の授業です。

さあ、"探し物を探す"旅へ

中学1年生の数学「TopwiN Booster」。広中杯や日本ジュニア数学オリンピック※を目指す生徒たちが集うハイレベルなクラスです。白濱先生の授業は、いつもオリジナルのタイトルをホワイトボードに書き込むところから始まります。この日のタイトルとなった「ラングレーの問題」は、1922年にイギリスの数学者E・M・ラングレーが発表した、平面図形の角度を求める難問。

「まず、すぐに角度がわかるところはどこかな？」「次に注目すべきところは？」ホワイトボードに書かれた図をもとに、白濱先生は質問を投げ掛けます。次々に手が挙がり、指名された生徒が答えを発表していきます。答えを通して頭のなかが整理されたタイミングで、問題に挑戦。「さあ、どうぞ！」という合図で教室はシンと静まり返ります。

「学年やクラスによって時間配分は変えていますが、『発問を通じて考える時間』を大切にしているのはどの学年でも同じです」と白濱先生は言います。

「生徒が『なんでだろう？』『どうしたらいいんだろう？』と思う発問が大切ですね。数学の問題には明確な答えがあるけれど、数学の醍醐味は答えを見つけることじゃない。答えを出すためには何が必要

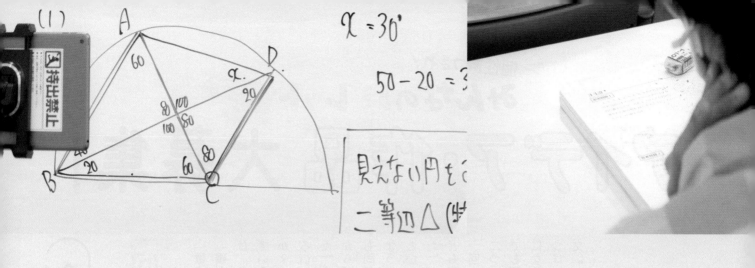

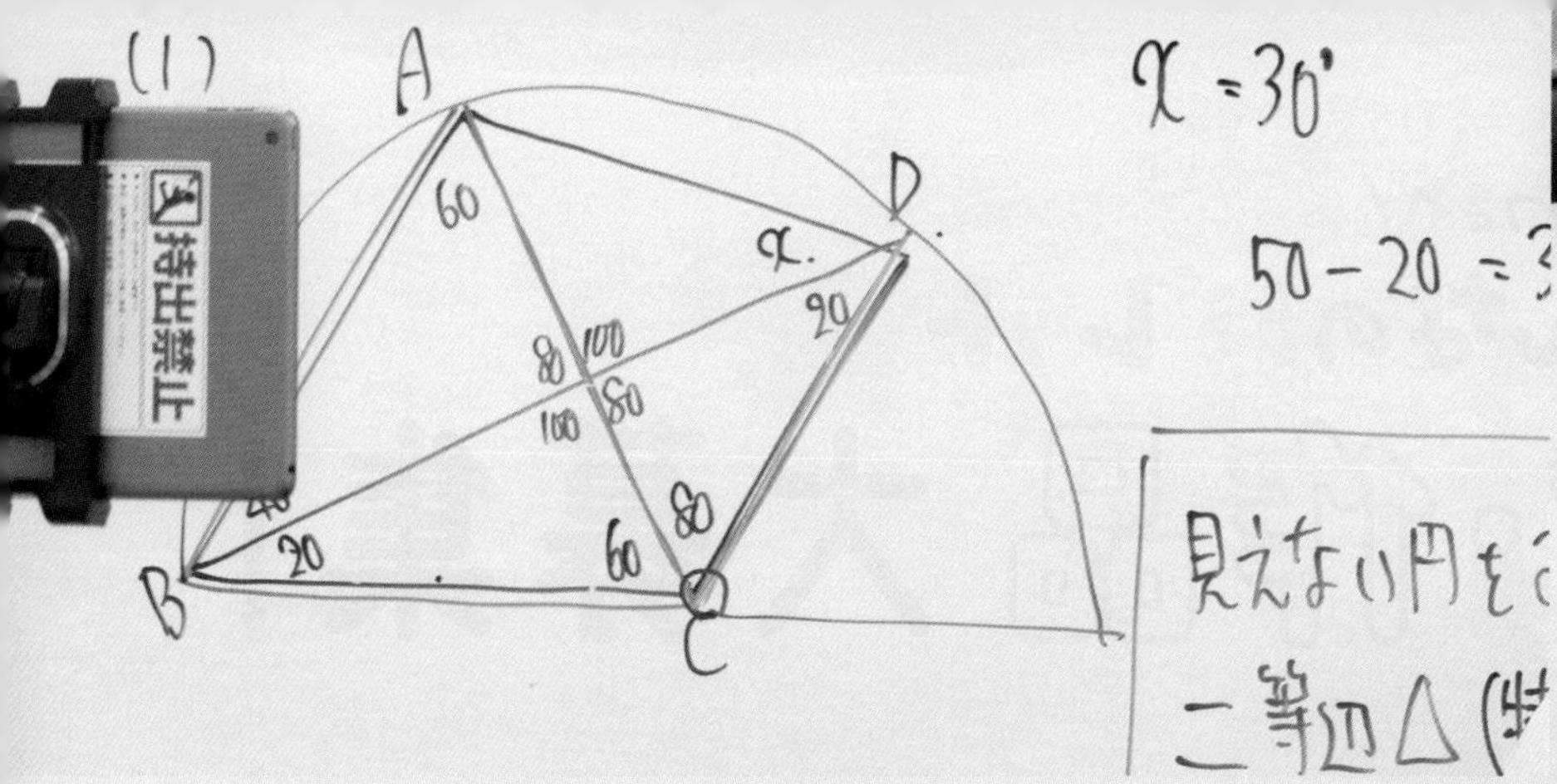

なのか、何を探し出せばいいのか――自分の探し物を見極め、それをどう使えば答えに至るのかを考えるのが数学です。それは、大人になって直面する『答えのない問題』に挑むための練習でもあるんです」

※ともに中学生以下対象の数学コンテスト

東大に届く「数学力」とは

中1から高2の授業、さらに高3・東大志望者対象の「東大必勝コース」まで、広く数学上位クラスを担当している白濱先生。過去には小学生の「NN志望校別コース」、中学生の「必勝志望校別コース」も長く担当してきました。白濱先生は、「数学力」とは「知識」「処理力」「思考力」そして「メンタルの強さ」だと説明します。

「東大の入試であっても、特別な『知識』や『処理力』が求められるわけではありません。試されるのは、問題に示される本質的な〝数学的特徴〟を把握し、答えを得るために何をどうしたらよいかを考える『思考力』。答えに至るための仮説が立てられれば、後は自由に発想を転換しながら、持っている『知識』『処理力』を駆使すればいい」

白濱先生が「考える時間」を大切にしている理由です。では、「メンタルの強さ」とは?

「自分なら解けるはずだ、と信じて果敢に挑む勇気です。歴史に名を残す学者たちはいつだって、そうやって科学を発展させてきたんですから」

学問への憧れを胸に

問題に取り組む生徒の様子を確認した白濱先生は、2人の生徒を指名し、ホワイトボードを使って答えを発表させました。2人とも正解。しかし、考え方は異なっています。見ている生徒たちから「へえ」「ああ、なるほど!」の声が上がります。

「答えの出し方は一つじゃない。より効率的な解法を選ぶ力も大切だけど、それを身につけるのは高3になってからでいい。自分で発見した解き方は、一生忘れない宝物だよ」

解説は佳境に入ります。

「さあ、この問題で注目すべき性質はなんだった?――そう、『対称性』だ。平面図形における『対称性』は、中学入試や高校入試はもちろん、小学校入試でも出題されているよ。そしてそれが、東大入試では立体図形のなかの『対称性』として出題される。それぐらい、数学において重要な特徴なんだよ」

解説は平面図形を離れて対称式にまで及びました。生徒たちが、目の前の問題をきっかけに本質的な〝数学的特徴〟に気付く瞬間です。

「生徒たちには数学だけでなく、興味を持ったもの全てに果敢に挑んでほしい。深く広い世界で知った『学問への憧れ』は、学びのさらなる原動力になるでしょう。そしていつか自分の専門分野を見つけて、よりよい世界をつくるために貢献していってほしいですね」

白濱先生より

「学び」とは?

みてみよう!
しらべてみよう!!
=かんがえる!!!
Just do it
白ハマ

早稲田アカデミー 大学受験部

個性あつまれ！
みんなのパレット

アイデア・作品 大募集！

今回の募集《ぼしゅう》テーマ

「回文《かいぶん》」をつくってみよう

「歌うたう」「黄色い木」「確かに貸した」。皆さんは、この三つの文に隠されているひみつがわかりますか？「うたうたう」「きいろいき」「たしかにかした」……これらの文は、上から読んでも下から読んでも同じになるのです。このような文のことを「回文」といいます。「竹やぶ焼けた」「ダンスが済んだ」なども有名な回文です。

回文の大きなルールは、二つ。一つは、上から読んでも下から読んでも同じ音になること。そしてもう一つは、きちんと意味が通る文になっていることです。「を」と「お」は同じと考えてかまいません。また、「ば」「ぱ」「は」のような「゛」「゜」の違い、「っ」と「つ」、「ゃ」と「や」の違いも気にしなくて大丈夫です。

「上から読んでも下から読んでも同じ文なんて、一体どうやって思い付くんだろう？」「なんだか難しそう……」と思うかもしれませんが、コツをつかめば、皆さんも新しい回文をつくることができます。

最初のコツは、**ひっくり返して読んでも意味が通じる言葉**を探すことです。

イカ　↓　貝

キノコ　↓　この木

のように、上から読んでも下から読んでも意味が通じる言葉が見つかったら、次のコツ。二つの言葉の間に**「が」「は」「も」「で」などを入れて**、文にしてみましょう。

「イカと貝」

「この木のキノコ」

これで、回文の完成！

また、**思い付いた言葉をとにかくひっくり返してみる**のもおすすめ。

ニワトリ　↓　リトワニ

のようにひっくり返したら、続けて読んだときに真ん中にくる「リ」を一つ消してしまえば「ニワトリとワニ」、さらに上と下に言葉を足していけば「馬、ニワトリとワニ、舞う」のように長い回文もつくれます。

まずは口に出して音を確かめながら、周りの言葉をどんどんひっくり返してみましょう。皆さんの力作を、お待ちしています！

こんなアイデア届きました！

7・8月号のテーマ
「新しい〝三大○○〟を考えよう！」

日本三大鉄道路線…

JR東日本・東急電鉄・京急電鉄

（小4　Tさん）

「JR東日本は路線がたくさんあっていろいろな所に行けるから、東急電鉄は乗り入れも含めて神奈川・東京・埼玉に行けるから、京急電鉄は羽田空港アクセスが便利だからです」

編集部より

なるほど、身近な電車の路線から、充実のラインアップを選びましたね！　たしかにこの三つの路線があれば、どこに行くにも便利。特に、東京や神奈川に住んでいる人には納得の三大路線だと思います。

作品を送るには…

141ページの「FAX送信用紙」に、
①皆さんが考えた「回文」
②ペンネーム
を記入して、FAXもしくは郵送で送ってください。FAX番号・宛先は左ページの「応募方法」欄と同じです。ハガキを使う場合は、住所・電話番号・氏名・学年も書いてください。

クイズ

クロスワードを解いて、□の文字を並べ替えてみよう。どんな言葉になるかな？
答えは1枚めくったFAX送信用紙に書いて、送ってね！
（ハガキ、封書、二次元コードリーダーからでも構いません）

正解するとプレゼントがもらえるかも！

1 □	2	3	■	4 □
5			6	
	■	7		■
8	9			10
■	11 □		■	□

■たて

1. moonは日本語で「月」、ではsunは日本語で何？
2. 難読熟語！「出納」は「○○とう」と読みます。
3. 「♪まさかりかついで（だ）○○○○○くまにまたがりおうまのけいこ……」
4. 「＋」はプラス、「－」は○○ナス。
6. 絵のこと。漢字で書くと「絵画」。
9. 学校で先生に用があったら職員○○へ。けがをしたら保健○○へ。
10. 「○○ネコ」とは白・黒・茶色（オレンジ）の三色の毛をもったネコのことだにゃー。

■よこ

1. 駅伝で次の人に渡すもの。
5. 生徒が中心となって学校の運営にかかわる活動の一つ。学級○○○○○、美化○○○○○など。きみの学校にもあるかな？
7. 東南アジアの国。トムヤムクン、カオマンガイなどの料理が有名！
8. 心残りがあって、その場から離れたくないという気持ちを「○○○○○を引かれる」といったりするよ。
11. 手紙やメールの数え方。

●7·8月号の答え／たんざく

編集室のつぶやき

▶前号で紹介したカブトムシの幼虫が成虫になりました。土の中にもぐっていることが多く、なかなか姿を見ることはできませんが、とってもかわいいです。二頭ともメスなので、今度ペットショップでオスを買ってこようと思います。次号へ続く。（TK）

▶あれは今年の2月。久しぶりにスーツを着ようと思ったら、え、キツい、入らない……！！　一念発起してオンラインフィットネスに参加し週2回の筋トレを続けた結果、今号の取材ではもう一度着こなすことができました！　やったー！（TH）

▶野沢菜。私の一番好きな漬物です。野沢菜だけでご飯2杯はいけます。という話をすると、「出身は長野ですか？」とよく聞かれますが、和歌山です。おすすめの食べ方は、野沢菜入り卵焼き。砂糖・だしなどを入れないプレーンな卵で一度お試しを！（NT）

▶ポトスという観葉植物を母から分けてもらいました。花言葉は「華やかな明るさ」。植物を育てるのはほぼ初めてなので、枯らしてしまわないかと心配しましたが、とても育てやすく、順調にグングンと大きくなっていて毎日観察が楽しみです。（MS）

▶母の天ぷらはお店で食べるより何倍も美味しいです。私では無理だろうな……と長年諦めていましたが、母と共に修行した結果、同じくらい美味しい天ぷらがつくれるようになりました。いつか職場のみなさんと天ぷらパーティーをやりたいです。（AH）

▶最近、いつもは買わないくらいの少しお高めのワンピースを手に入れました。着心地のいい普段着も好きですが、良い服を着ているとなんだか気持ちが引き締まる感じがします。ちょっとした贅沢も、たまにならいいのかもしれませんね。（KS）

＼ クロスワード正解者のなかから抽選で以下の賞品をプレゼント！！ ／

A賞 ハシレ！エンピツケズリ！ 3名様

鉛筆を削る行為そのものに楽しさを取り入れた、これまでにない鉛筆削り。前進でもバックでも削ることができ、「トンガリ検知機能」付きで鉛筆の削り過ぎを防ぎます。

プラス株式会社

B賞 お役立ち文具3点セット 10名様

学校生活でも塾でも、勉強に役立つ文房具3点セットでプレゼント！

①Campusプリントファイル
「脱落ストッパー」付きで逆さにしてもプリントが落ちにくい構造。

②2トーンカラーマーカー〈マークタス〉
1本で2色のマーキングができる、やさしい色味の蛍光ペン。

③カクノリ
四角いヘッドで角まできれいに塗れる液体のり。

コクヨ株式会社

※画像はイメージです。

応募方法

●FAX送信用紙で
裏面にあるFAX送信用紙に必要事項をご記入のうえ、下記FAX番号にお送りください。
FAX.03-5992-5855

●二次元コードリーダーで
スマートフォンなどで右の画像を読み取り、専用の入力フォームからお送りください。

●ハガキ・封書で
クイズの答えと希望賞品、住所、電話番号、氏名、学年、お通いの塾・校舎をご記入いただき、下記宛先までお送りください。『サクセス12』への感想もお待ちしています。
宛先／〒171-0022 東京都豊島区南池袋1-16-15 ダイヤゲート池袋9F
早稲田アカデミー本社コミュニケーションデザイン部　『サクセス12』編集室

【個人情報利用目的】ご記入いただいた個人情報は、プレゼントの発送およびアンケート調査の結果集計に利用させていただきます。

【応募〆切】2022年9月22日（木）消印有効

当選者の発表は、プレゼントの発送をもってかえさせていただきます。

サクセス12　9・10月号　vol.98

編集長
喜多　利文

編集スタッフ
細谷　朋子
田中　紀行
園田　美帆
平澤　茜
島田　果歩

企画・編集・制作
株式会社 早稲田アカデミー
『サクセス12』編集室（早稲田アカデミー内）
〒171-0022 東京都豊島区南池袋1-16-15

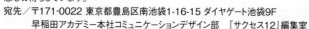

FAX送信用紙　FAX.03-5992-5855

FAX番号をお間違えのないようお確かめください

クイズの答え	希望賞品（いずれかを選んで○をしてください）
□　□　□　□	A賞　・　B賞

氏名（保護者様）	氏名（お子様）	学年

現在、塾に	通っている場合
通っている　・　通っていない	塾名 （校舎名　　　　　　）

住所（〒　　　-　　　　）	電話番号
	（　　　　）

面白かった記事には○を、つまらなかった記事には×をそれぞれ3つずつ（　　）内にご記入ください。

※封書での郵送時にもご使用ください。

「みんなのパレット」アイデア・作品大募集!!

「回文」をつくってみよう

ペンネーム（　　　　　　　　　　）

サクセス12の感想

中学受験　サクセス12　9・10月号2022
発行／2022年8月31日 初版第一刷発行
発行所／（株）グローバル教育出版 〒101-0047 東京都千代田区内神田2-5-2 信交会ビル3F（9月5日より東京都千代田区内神田2-4-2　一広グローバルビル3Fに移転）
編集／サクセス編集室 電話03-5939-7928

【個人情報利用目的】ご記入いただいた個人情報は、プレゼントの発送およびアンケート調査の結果集計に利用させていただきます。